**MADAME
NIELSEN**

**MEIN LEBEN
UNTER DEN
GROSSEN**

MADAME NIELSEN

MEIN LEBEN UNTER DEN GROSSEN

Aus dem Dänischen von
Hannes Langendörfer

Kiepenheuer & Witsch

DIE GESCHICHTE UNSERER ZEIT

Als ich mit neunzehn zum ersten Mal nach Kopenhagen kam, war ich noch nie im Leben einem berühmten Menschen begegnet. Am ehesten noch, als der westdeutsche Handball-Gott Hansi Schmidt mir Mitte der Siebziger nach einem Kampf gegen die Lokalhelden vom HC Stjernen ein Autogramm in mein Turnierheft kritzelte, kurz den Kopf hob und mich sogar sah, ehe ich von der Menge der Fans verschluckt und fortgespült wurde. Menschen, die etwas Außergewöhnliches waren, kannte ich nur aus der Zeitung, den Illustrierten und dem Fernsehen. Nie hatte ich jemand Berühmtes auf der Straße oder zufällig in der Stadt im Kaufhaus gesehen, und dass ich jemals mit einem bedeutenden Menschen reden würde, konnte ich mir einfach nicht vorstellen. Mit sechsundzwanzig zog ich nach Kopenhagen. Ein paar Wochen vor dem Umzug hatte meine erste und bis dahin einzige Freundin mit mir Schluss gemacht, und ich war allein in einem Sommerhaus an der Nordsee. Es war März, die Landschaft farblos und verlassen, und ich wusste nicht, was ich mit meinem

Leben anfangen sollte, also schaltete ich den Fernseher ein. Ich landete mitten in einer Sendung. Schauplatz war die Storebælt-Fähre, die damals noch zwischen Nyborg und Korsør verkehrte. In drei unförmigen, aufblasbaren Sitzsäcken aus durchsichtig blauem Plastik hockten drei Männer und unterhielten sich. Zwei von ihnen waren Künstler, der dritte Schriftsteller. Zu der Zeit hatte ich weder von Kunst noch von Künstlern groß eine Ahnung, ich kannte nur, was ich in meiner Kindheit und frühen Jugend gesehen hatte, wenn meine Eltern auf der Hin- oder Rückfahrt vom Sommerhaus mal einen Zwischenstopp eingelegt und mit meinen beiden Schwestern und mir eine Galerie oder ein Museum besucht hatten. Die großen Autoren unsres Landes kannte ich praktisch nur vom Bücherregal meiner Eltern, wo ihre Namen auf jedem dritten oder fünften Buchrücken standen, alles Bücher aus dem Gyldendal Buchclub. Ein paar von ihnen hatte ich in die Hand genommen und auf der Jagd nach erregenden Stellen durchgeblättert, die mir eine mickrige, schamhaarlose Erektion bescheren konnten. Bei der Abschlussprüfung am Ende der Neunten war ich mit einem Gedicht von Morten Nielsen drangekommen, aber worum es darin ging, wusste ich damals so wenig wie heute. Mit siebenundzwanzig hatte ich fast nur Jungsbücher gelesen, *Detektiv Kim*, die *Jan-* und die *Flemming*-Bücher, dann *Fünf Freunde,* »*Geheimnis um ...*«, *Die schwarze Sieben, Alfred Hitchcock und die drei Fragezeichen* und später Alistair McLean, *Der Herr der Ringe, Unten am Fluss, Das Mädchen in der Schaukel, Ayla und der Clan des Bären* und, als einzigen großen Autoren unsres Landes, dessen Namen ich mir gemerkt habe: den Weltumsegler Troels Kløvedal. Einmal hatte Lola Baidel, eine der größten Dichterinnen der Zeit, an meiner Schule aus ihren Gedichten gelesen, aber ausgerechnet an dem Tag lag ich schwitzend und schlotternd mit Grippe zu Hause in meinem Schubkastenbett mit den zwei grün karierten Schaumstoffmatratzen und bekam kein Wort davon mit. Worüber die drei Männer auf den aufblasbaren, durchsichtig blauen Plastiksitzsäcken redeten, weiß ich nicht mehr. Ich weiß nur, dass ich am nächsten Morgen die sechs Kilometer vom Sommerhaus in die nächste kleine Stadt und in die dortige Schule ging, wo es damals noch eine gemeinsame Schul- und Stadtbibliothek gab. Im Regal mit der Aufschrift »Lyrik« stand ein einzelnes Buch von demjenigen der drei Männer auf den aufblasbaren blauen Plastiksitzsäcken, der laut Einblendung am Bildrand Schriftsteller war. Das Buch war verblüffend dünn, kaum dicker als ein Micky-Maus-Heft. Aber noch enttäuschender war sein Titel. *Die Geschichte unserer Zeit.* Ich hatte mich nie für Geschichte interessiert, in der Schule gab's so was wie »Geschichte« überhaupt nicht, in meiner ganzen Kindheit und frühen Jugend drehte sich alles nur um Sport, drinnen in der Halle oder draußen auf den Bolzplätzen, samstags vorm Fernseher, wenn *Fußballtoto* kam, und jeden Nachmittag mindestens eine halbe Stunde auf dem Klo mit der Sportbeilage vom Montag oder dem *Tischtennis-Monatsmagazin*. Ich konnte die Namen aller Spieler von sämtlichen sechzehn Nationalmannschaften bei der Fußball-WM in Westdeutschland auswendig, aber »die dänische Thronfolge« kannte ich nur aus den Geschichten, die mein Vater über seine Schulzeit in Fredericia und Tønder erzählte. Ich weiß auch nicht, was ich mir vorgestellt hatte. Jedenfalls nicht ein Buch über *Die Geschichte unserer Zeit*. Andererseits: Etwas Neues musste passieren, irgendwas, ich war sechs Kilometer bis zu dieser Kleinstadt gelaufen, gleich würde ich dieselben sechs Kilometer wieder zurücklaufen und dazu noch bei steifem Gegenwind aus West, ich musste unbedingt als ein anderer zurückkehren, oder wenigstens mit dem Ansatz zu einem völlig neuen Leben, also griff ich mir zuletzt doch *Die Geschichte unserer Zeit*, ließ sie von der Schulbibliothekarin stempeln und ging auf der Schotterstraße zurück zum Sommerhaus. Den Rest des Tages und die Nacht durch und den Tag und die Nacht darauf las ich *Die Geschichte unserer Zeit.* Ich las langsam und gründlich und laut vor mich hin und verstand rein gar nichts. Die Geschichte, von der das Buch laut Titel angeblich handelte, wurde mit keinem Wort erwähnt, und auch das Buch selbst war keine Geschichte. Trotzdem machte es auf mich einen großen Eindruck. Die Stelle, an der die Hauptperson, die keinen Namen hat, sondern nur ich heißt, wie du und ich, im Zug aus dem Fenster schaut, und die Landschaft »vorbeiwirbelt«, und wenige Zeilen später ist »das Universum nicht größer als ein Stecknadelkopf«, »eine Glut«, die aufflammt und erlischt. Im Lauf der nächsten Tage oder Wochen schrieb ich fünf Gedichte und beschloss, nach Kopenhagen zu fahren. Ich zog in eine Wohngemeinschaft im dritten Stock, ich hatte von allen am wenigsten Geld, aber da ich auch keine Möbel besaß, bloß eine Matratze und einen Rucksack mit Klamotten, Zahnbürste und den fünf Gedichten, und mit meinen knapp sechzig Kilo auch selbst nicht viel Platz wegnahm, konnte ich problemlos in dem hintersten Kämmerchen hausen, einem viereckigen Raum mit Petroleumofen und winzig kleinem Dachfenster, durch das immer zur vollen Stunde das Glockenläuten der drei umliegenden Kirchen dröhnte, ohrenbetäubend und ganz außer Takt. Ich setzte meinen Rucksack ab, ging zur Post und schickte meine fünf Gedichte an die einzige Literaturzeitschrift, von der ich je gehört hatte, ging in die Bibliothek und lieh eine dicke Anthologie mit dänischen Gedichten aus den letzten Jahrhunderten aus, nicht bloß *Die Geschichte unserer Zeit*, nein, die ganze, große Geschichte. Auf dem Rückweg kaufte ich einen Kanister Petroleum und fand einen kleinen Tisch und einen Stuhl in einem Müllcontainer. Ich schleppte den ganzen Kram hoch in mein Kämmerchen im dritten Stock, lieh mir von einem meiner Mitbewohner einen Stapel Papier und ein paar Bleistifte, legte den Stapel neben das Buch mit den dänischen Gedichten der letzten Jahrhunderte auf den Tisch, setzte mich hin, schlug es auf und fing an zu lesen. Die nächsten Wochen oder Monate saß ich an dem Tisch, las in dem Buch und schrieb einzelne Wörter und manchmal sogar ganze Zeilen auf die Blätter, die sich im Lauf der Tage und Nächte auf dem Tisch stapelten, auf den Boden segelten, herumflogen und zu kleinen Haufen sammelten wie das Laub eines kubistischen Albinobaums. Jede Stunde, rund um die Uhr, schmetterten die Kirchenglocken durch das winzige Dachfenster und dröhnten in meinem Schädel, der sich immer leerer und mehr oder weniger inspiriert anfühlte, während der Frühling Sommer wurde, schwerer Regen gegen die Scheibe schlug und tief unten im Hof auf den Boden klatschte. Nur ein Mal alle drei oder fünf Stunden stand ich auf, um kurz in der Küche mein Wasserglas zu füllen und vielleicht, wenn ich zufällig gerade allein war, eine dünne Scheibe von dem Brot eines der anderen abzuschneiden und ein klein bisschen Butter eines Dritten draufzuschmieren, vielleicht auch einen Hauch Gutsleberwurst. Auf dem Weg zurück ließ ich Wasser. Das war alles. Ein paar Wochen später kam die Absage von dem Redakteur der Zeitschrift, einem der großen, alten Dichter des Landes. Er hatte meine fünf Gedichte gelesen und wollte keins davon drucken, ermunterte mich aber dennoch, ihm mehr Gedichte zu schicken, nicht gleich, versteht sich, in einem halben Jahr oder so, wenn ich mich etwas weiterentwickelt hatte. Gegen Ende des folgenden Winters schickte ich dem Redakteur der Zeitschrift weitere neun Gedichte. Meine fünf Erstlinge, dachte ich, waren vielleicht nicht künstlerisch genug gewesen, auch der Schriftsteller hatte ja nicht allein auf seinem aufblasbaren blauen Plastiksitzsack gehockt, sondern in Gesellschaft zweier richtiger Künstler. Meine Gedichte mussten unbedingt auch einen Bezug zur Kunst haben, also ging ich in die Küche, und da ich zufällig gerade allein war, stibitzte ich eine Rote Bete aus dem Kühlschrankfach eines Mitbewohners, schnitt sie mittendurch, zog alle meine Sachen aus, verteilte neun Blatt weißes Papier auf dem Boden, rieb eine Rote-Bete-Hälfte gegen mein Knie, presste das Knie auf eins der Blätter und wiederholte danach die Prozedur mit acht anderen Körperteilen, presste erst die Hand, dann eine Wange, dann die Stirn, eine Pobacke, den Mund, den linken Fuß, die rechte Schulter und zu guter Letzt meinen Penis auf je eins der neun weißen Blätter. Ich zog mich wieder an, las die neun »Rote-Bete-Drucke« vom Boden auf und ging in die Bibliothek, wo ich eine Schreibmaschine lieh und jedes der neun handgeschriebenen Gedichte auf je einem Kunstwerk ins Reine tippte, ging quer über den Platz zur Post und schickte meine neun nunmehr *poetischen* Rote-Bete-Drucke an den Zeitschriftenredakteur. Drei Monate später erschien die nächste Nummer der Zeitschrift, darin unter anderen zwei Gedichte von Anders Claudius Westh, allerdings ohne Rote-Bete-Drucke. Das war der erste, letzte und einzige Auftritt Anders Claudius Wesths in der dänischen Literaturgeschichte. Mehr braucht's in diesem Land aber auch nicht. Fast nichts und doch genug, dass ich plötzlich ein Teil der »Geschichte unserer Zeit« war, von Dutzenden, Hunderten, vielleicht Tausenden jungen und weniger jungen, schon ziemlich gescheiterten älteren Männern und Frauen, die es irgendwann mal mit einem Gedicht, einer Novelle, vielleicht sogar einem Romanfragment in eine Zeitschrift oder eine Anthologie geschafft haben und alle miteinander das ausmachen, was man »die dänischen Schriftsteller« nennt. Genug, um mich eine Zeit lang in ihren Kreisen bewegen zu können, mehr oder weniger unbemerkt, die meisten sahen nur sich selbst, und sie zu betrachten. Und genug, dass ich sie jetzt, knapp zehn oder mehr als zwanzig Jahre später, schreiben kann, die Geschichte meiner Begegnungen mit den großen Autoren unsres Landes.

DAS BROT & DER KÖRPER

Mehrere Jahrzehnte war Poul Borum alleinherrschender Herausgeber der wichtigsten Zeitschrift für moderne dänische Lyrik, ebenjener Zeitschrift, die ganz unten auf Seite 38 in einer ihrer Hunderten Nummern zwei Gedichte von Anders Claudius Westh abdruckte. Außerdem war Borum Rezensent bei einem Morgenblatt und entschied dort, oft mit nur wenigen Zeilen, ein für alle Mal, wer ein *echter* Schriftsteller und wer von nun an als talentloser Trottel zu betrachten war und dazu verdammt, in Dunkelheit zu versinken. In seiner so gut wie nicht vorhandenen Freizeit schrieb er selbst Gedichte, keine *echten* Gedichte, das konnte jeder *echte* Dichter sehen, doch da sie allesamt ja bloß kraft seines Urteils *echte* Dichter waren, sagte oder schrieb es keiner, bis er eines Tages plötzlich tot war. Auch ich hatte einige seiner Gedichte gelesen, in der Anthologie der großen Lyriker unseres Landes, die nun schon seit über einem Jahr in meinem Kämmerchen auf dem Tisch lag und die ich einmal im Monat zum Verlängern in die Bibliothek trug, und auch ich konnte sehen, dass es keine *echten* Gedichte waren, nur warum genau, wusste ich nicht zu sagen. Das Einzige, was mir wirklich haften blieb, war der »Körper«. Gleich mehrere Gedichte handelten vom »Körper«. Der »Körper« war anscheinend von zentraler Bedeutung für die Poesie und jeden, der ein *echter* Dichter sein wollte. Das wunderte mich, denn ich hatte Poul Borum einmal in einem literarischen Salon ein paar dieser Gedichte lesen hören, und soweit ich sehen konnte, kümmerte er sich nicht im mindesten um den »Körper«, jedenfalls nicht seinen eigenen, ja, es sah sogar so aus, als wüsste er überhaupt nicht, dass er einen hatte. Und recht besehen war das, was man unter dem orangefarbenen oder pissgelben, blauen oder lila Strubbelhaar, der Lederhose und den Nietengürteln, mit denen er alles zusammenhielt, erahnen konnte, auch bloß ein unförmiger, recht schlaffer Sack aus alter Haut und nahezu nutzlosen Knochenresten und Fett. In der Zwischenzeit war ich in meine eigene kleine Wohnung mit Schranktoilette und Blick auf Christiania gezogen. Ich hatte die Matratze, den Tisch und den Stuhl, die zusammengekratzten Haufen Papier, das blaue Exemplar der Zeitschrift mit Anders Claudius Wesths zwei Gedichten und die Anthologie der großen Lyriker unseres Landes mit hoch in die Wohnung genommen und hockte jetzt jeden Tag und bis tief in die Nacht am Tisch und las in der Anthologie und schrieb meine mehr oder weniger *echten* und jedenfalls nie wirklich *gedruckten* Gedichte. Kurz vor Morgengrauen ging ich runter nach Christiania, sammelte Pfandflaschen für die Miete und schnorrte in der Pusher Street ein halbes, mehrere Tage altes und größtenteils sogar rissiges Honig-Salz-Brot in der Sunshine Bakery, die wie ein kleines Stück New York in der Provinz rund um die Uhr geöffnet hatte, sogar an Heiligabend. An den Tresen draußen vor der Bäckerei gelehnt aß ich eine Scheibe von dem Brot und beobachtete die Haschdealer, die im Feuerschein um eine Öltonne standen, redeten und sich die Hände wärmten, während ihre riesigen Hunde wie Schatten im Dunkel umherstreiften, und ging dann wieder hoch in meine Wohnung. Aber einmal in der Woche ging ich weiter über die Brücke in die Stadt, in der Hoffnung, zufällig einem der dänischen Autoren über den Weg zu laufen, zu denen ich jetzt gehörte. Das war nicht sonderlich schwer, die dänischen Autoren waren überall, vor allem abends und nachts. Sie versammelten sich zu Lesungen oder in den Cafés und Kneipen der Stadt oder standen im Dunkeln vor einer solchen und zitierten schwankend Lorca, aber vor allem sich selbst. Und an so einem Abend, als ich unbemerkt in einer kleinen Gruppe von Schriftstellern hinter einem Kulturhaus in der Innenstadt stand, geschah es, dass der große Poul Borum auf uns zukam und zu seinem 58. Geburtstag einlud. Zwei der drei anderen dänischen Schriftsteller waren seine Protegés, sie kamen täglich und besonders nachts zu ihm in die Wohnung und aßen und tranken und gingen hoch auf die Dachterrasse und rauchten Hasch und torkelten runter und schliefen in einem seiner vielen kleinen Zimmer oder einfach auf einer Matratze zwischen den Regalen seiner kolossalen Bibliothek ihren Rausch aus. Die dritte war die Freundin eines vierten. Protegés. Und ich? Ich bezweifele, ob er überhaupt wusste, wer ich war. Ich jedenfalls wusste es nicht. Aber da Poul Borum nicht bloß ein gnadenloser Kritiker und ein schlechter Dichter, sondern auch ein großzügiger Mensch war, und da ich zufällig in der kleinen Schar dänischer Schriftsteller stand, lud er auch mich zu seinem Geburtstagsabendessen ein. Oder so verstand ich es zumindest. Er sagte zwar nicht meinen Namen, er sah mich noch nicht mal an, aber er sagte »ihr«: – Habt ihr nicht Lust, am Dienstag zu meinem achtundfünfzigsten Geburtstag zu kommen, nichts Großes, nur ein kleines, intimes Abendessen. – Wann, fragte einer der beiden Protegés. – Acht Uhr, sagte Poul Borum. – Danke, sagte ich. Was keiner hörte. Ich hatte, wie bereits zart angedeutet, kein Geld, ich lebte von Flaschensammeln und altem Brot, ich konnte es mir nicht leisten, ein *echtes* Geschenk zu kaufen, eine Platte, ein Buch, eine Flasche Wein oder einen der Nietengürtel, mit denen er seinen unförmigen Mangel an »Körper« zusammenhielt. Ich überlegte, ihm ein signiertes Exemplar der Zeitschrift mit meinen zwei Gedichten zu schenken, aber sie war – abgesehen von dem Tisch, dem Stuhl und der Matratze – das einzig wirklich Private, was ich besaß, ohne sie war ich wieder ein Niemand, und das wollte ich nicht. In der Nacht darauf ging ich also in Christiania Flaschen sammeln, und als es Morgen wurde, kaufte ich im Supermarkt ein Kilo Mehl und ein Päckchen Hefe. Auf dem Weg hinauf in die Wohnung schnorrte ich ein bisschen Salz von dem Nachbarn unter mir, Wasser hatte ich selbst aus dem einzigen Wasserhahn der Wohnung. Daneben stand ein kleiner Ofen, kaum größer als die Anthologie dänischer Dichter, aber groß genug, dass ich in der folgenden Nacht, als ich noch ein nicht ganz *echtes* Gedicht geschrieben hatte, ein Brot in ihm backen konnte. Warum ich mich ausgerechnet entschied, dem großen Kritiker ein Brot zu backen und zu schenken, weiß ich nicht. Vielleicht hatte es etwas mit dem »täglichen Brot« zu tun und der Verbindung vom »Körper« als dem zentralen Element für die Dichtkunst und dem, der ein *echter* Schriftsteller sein will. Vielleicht war es bloß, weil ich kein Geld hatte und selbst von Wasser und Brot lebte und abgesehen von den großen Autoren unseres Landes an nichts anderes dachte als Brot. Jedenfalls hatte ich das Gefühl, das Brot allein wäre vielleicht nicht genug. Es musste irgendwie meine ganz persönliche Signatur tragen. Als dänischer Schriftsteller. Ich hatte gerade den Durchbruch geschafft und mir mit zwei der neun poetischen Rote-Bete-Gedichte, die jeweils den Abdruck eines Teils meines ganz persönlichen »Körpers« trugen, einen Namen als dänischer Schriftsteller gemacht. Das wusste zwar außer ihm und mir keiner, und letztlich hatte er nur zwei der neun Gedichte in seiner Zeitschrift gebracht, und ganz ohne Rote-Bete-Druck. Aber ich bildete mir ein, oder hoffte, dass es ausschließlich daran lag, weil eine grafische Wiedergabe der neun Rote-Bete-Drucke für die Zeitschrift eine zu kostspielige Angelegenheit war, und er deswegen beschlossen hatte, ihren Abdruck auf einen späteren Zeitpunkt der Literaturgeschichte zu verschieben. Jedenfalls hatte ich das Gefühl, diese Spur weiterverfolgen zu müssen. Und so formte ich den Teig mit meinen eigenen Händen zu einer Zahl, ehe ich ihn in den Ofen schob. Die Zahl war 58. Es war zum einen das allerbasalste, das tägliche Brot, und gleichzeitig mit meinen bloßen Händen, sozusagen meiner eigenen körperlichen Signatur, zu einem Zeichen transformiert, der Zahl 58, die genau das Alter seiner Person, seines Körpers zum Ausdruck brachte, wodurch sein und mein Körper, meine Signatur und seine kritische Lesart, indem der Ofen den weichen Teig zu einer endgültigen, festen goldbraunen Form buk, in einer höheren, künstlerischen Einheit aufgingen. Am nächsten Abend trug ich das Brot über die Brücke und die Havnegade entlang und klingelte an der Nummer 37. Er öffnete selbst die Tür. Einen Moment stand er bloß da und starrte mich leer und ausdruckslos an, als hätte er mich noch nie im Leben gesehen. Er hält mich für einen Pizzaboten, dachte ich. – Herzlichen Glückwunsch!, sagte ich und überreichte ihm das Brot, – und danke für die Einladung. – Komm rein, murmelte er mit seiner tiefen, zischligen Stimme und ging vor mir durch einen Flur und links an einer endlosen Reihe dicht stehender, vollgepackter Regale vorbei, durch ein kleines Wohnzimmer mit dem größten Fernseher, den ich in meinem ganzen Leben gesehen hatte, und einer kleinen Sofagruppe aus schwarzem Leder, auf der drei, vier der dänischen Schriftsteller saßen und laut durcheinanderredeten und plötzlich verstummten und wortlos, verblüfft zusahen, wie er das Brot an ihnen vorbei in die Küche trug, wo er es neben der Spüle abstellte und vor mir zurück ins Wohnzimmer ging. Das war das Letzte, was ich von dem Brot sah. Es wurde mit keinem einzigen Wort erwähnt, weder während des anschließenden Abendessens noch später bei einem der ansonsten zahlreichen Versuche, die endgültige und allumfassende Geschichte der dänischen Literatur und der großen Autoren unseres Landes zu schreiben. Als sich das Abendessen dem Ende zuneigte und sowohl das Geburtstagskind als auch seine jungen Protegés und die Freundin des anderen Schützlings sich dank der fünf Gramm Hasch, die der eine Protegé in aller Heimlichkeit, als Überraschung, in den Rinderbraten getan hatte, von einer lautstarken Schar mehr oder weniger großer Autoren in eine Ansammlung zusammengesackter, verwaschen murmelnder Wesen verwandelt hatte, stand ich unbemerkt auf und ging durch sämtliche der vielen Zimmer und Winkel der großen Wohnung, bis in die Dienstmädchenkammer, die auf halber Treppe hinter der Küche lag, kam ich, aber ohne Erfolg. Sofern er sich nicht aus Sicherheitsgründen entschieden hatte, die neun poetischen Rote-Bete-Drucke in einem Bankschließfach aufzubewahren, waren auch sie spurlos aus der dänischen Literaturgeschichte verschwunden.

Ein paar Monate oder Jahre später begegnete ich Poul Borum wieder, im Foyer des Planetariums nach der Premiere einer avantgardistischen Kammeroper für zwei Stimmen, für die eine Freundin einer seiner Protegés das Libretto geschrieben hatte. Er saß auf einer Bank neben einem anderen jungen Protegé, der ihm

half, eine Art Atemmaschine zu halten, eine künstliche Lunge, beinahe ein ganzer kleiner Zeppelin mit einem Haufen dünner Plastikschläuche, die Borums »Körper« mit den restlichen Vehikeln des Planetariums und Vorstellungen von Raumreisen und fernen Galaxien und Welten weit jenseits von dieser verbanden. Die Maschine atmete für ihn, ein langgezogenes, zähes Heulen, das in ihn überging und ein zischendes Blubbern wurde. Er sah benebelt, leidend aus. Wie eine unendlich ferne Galaxis, ein sterbender Sternennebel. Als hätte er endlich verstanden, dass auch er einen *echten* Körper außerhalb der Sprache hatte.
58. Das klingt vielleicht nicht nach viel. Aber wenn man wie Borum seinen *echten* Körper der Poesie geopfert hat, bleibt zum Leben nicht mehr viel übrig. – Danke für neulich, sagte ich. Er hob noch nicht mal den Kopf. Kein einziges Wort. Was hätte er auch sagen sollen? Er hätte mich zu seiner Beerdigung einladen können. Aber er tat es nicht.

AN DER SCHWELLE ZUM NOBELPREIS

Während ich mit meiner ersten und bislang einzigen Freundin auf einer Boxspringmatratze in einem Zimmer in der Provinz lag und *Ayla und der Clan des Bären* vorlas, schrieb sich der beinah gleichaltrige Jens Christian Grøndahl in die dänische Literaturgeschichte ein, indem er sie einerseits völlig verwarf und gleichzeitig in einer Reihe sogenannter *schriftbewusster*, wild experimentierender Romane aus dem blanken Papier wiederauferstehen ließ. Das begriff ich natürlich nicht, als ich ein paar Jahre später in meiner Dienstmädchenkammer im dritten Stock in der WG hockte und die Romane las. Ich las sie bloß, langsam und verblüfft aufmerksam, in der Hoffnung, im Blitzgewitter von Grøndahls Genie selbst einen kleinen Funken sprühen zu spüren, bescheiden, aber groß genug für ein Gedicht oder vielleicht sogar einen Roman. Ich wusste, dass Jens Christian Grøndahl der seltene Fall eines geborenen Schriftstellers war, und schon ab dem ersten Roman, ja, sogar dem ersten, einzigartigen Satz ein zukünftiger Nobelpreisträger. Fasziniert und stundenlang starrte ich auf das

Schriftstellerfoto. Er war bloß vier Jahre älter als ich, sah aber aus, als könnte er mein Vater sein. Er strahlte einen großen, beinah unmenschlichen Ernst aus. Wenn ich mich doch bloß auch so ernst nehmen könnte!

Aber es war zu spät. Als ich endlich *Ayla und der Clan des Bären* zuklappte, war Jens Christian Grøndahl schon längst Redakteur der tonangebenden Zeitschrift des Landes. Zusammen mit seinem Mitherausgeber verwarf er alles Bisherige und ernannte sich zum Nachfolger von nichts und niemand. Und hier komme ich: Gegen Abend, wenn wir uns endlich von der Boxspringmatratze aufrafften, gingen meine erste und fraglos vollbusigste Freundin und ich in das örtliche Kino, das zu einem Café gehörte. Weil wir kein Geld hatten, sahen wir nie die ersten fünf Minuten der Filme. Wir mussten schön warten, bis der Kartenkontrolleur, der zugleich Barkeeper war, alle zahlenden Gäste ins Saaldunkel gelassen und den Film gestartet hatte und wieder an der Bar stand, ehe wir uns reinschleichen konnten. Wir sahen viele der damals wichtigsten Filme, darunter *9½ Wochen* mit Kim Basinger und Mickey Rourke. Kann sein, dass wir nicht den tieferen Sinn des Films begriffen, wir fanden ihn einfach toll, gut sahen sie aus, der Mann und die Frau, und die Erdbeeren in ihren Drinks in den fantastischen Close-ups waren fast überwirklich. Ich glaube, es war dieselbe Faszination, die ich verspürte, als ich an einem späten Winterabend in meinem Kämmerchen in der WG zum sachten Bullern des Petroleumofens das erste Mal ein Buch des geborenen Schriftstellers aufschlug und zu lesen begann. Ich las langsam, folgte den sich vollendet die Seiten hinabschlängelnden Sätzen in ernster, ja beinah selbstherrlicher Erwartung der großen Offenbarung, des Funkens, der früher oder später überspringen musste. Und was geschah? Nichts. Es war sublim, wie ein Spiegel: das Buch und ich, wir waren in völlig gleichem Maß leer. Erst gegen Ende des vierten oder sechsten Romans, *Der Gang der Tage*, geschah das Schicksalhafte. Bei der Flucht aus einer Wohnung, die wie alles in Grøndahls Frühwerk natürlich keine *wirkliche* Wohnung ist, sondern eine künstliche oder eher kunstfertig mit den schönsten Wortornamenten tapezierte »Wohnung«, sprachliche Fenster, durch die man Phänomene sehen kann wie »den geriffelten Spiegel der Seen«, bei der Flucht aus diesem sprachlichen Meisterwerk tritt der Protagonist, der natürlich Autor ist, obendrein des besagten Romans, in Hundescheiße. Er scharrt mit dem Fuß im Dunkeln, er scharrt und scharrt, aber er wird sie nicht los. Ihm wird schwindlig, ja, aber auch mir, dem Leser, der ich in meinem Dienstmädchenkämmerchen mit dem stickig vor sich hinbullernden Ofen sitze und denke, pfui Teufel, mach sie doch weg! Mir wird schlecht, nicht nur physisch, sondern existenziell, was soll das denn?, denke ich, ein banaler Haufen Hundescheiße, das färbt doch auf alles ab, nicht nur auf diese nächtliche Szene, sondern den ganzen nobelpreiswürdigen Roman und alles um ihn herum, den Einband und das Allerwichtigste: mein Bild des geborenen Schriftstellers. Es verwandelt sich vor meinen Augen, plötzlich sehe ich hinter der perfekten Oberfläche die allzu menschliche, vergängliche Eitelkeit, das kalkuliert Kandidelte. Hör auf!, denke ich, was machst du da, wie kannst du das nicht nur mir antun, sondern auch dir selbst?!

Es war einfach Pech. Natürlich. Es war dunkel, der Mann war auf der Flucht, und plötzlich ging alles ganz schnell, so was passiert eben. In der Wirklichkeit, ja. Aber hier? In diesem ansonsten klinisch perfekten Roman. Er hätte die Scheiße ja einfach entfernen können, *bevor* ich das Buch in die Finger bekam. Aber das hatte er nicht getan. Er hatte sie drinstehen lassen. Oder liegen, auf der Lauer, beinah auf dem Sprung, tief, tief drinnen im Herzen des Romans, wo er am allerdunkelsten ist und mit (verborgenen) Bedeutungen aufgeladen, dort, wo kein Weg zurückführt, at the point of no return, sozusagen, hatte Jens Christian Grøndahl als der olympische Erzähler, der er in Wirklichkeit war, beschlossen, seine Signatur zu hinterlassen. Es war, kurz gesagt, ganz bewusst. Es hatte seinen *Sinn*, dass es mir schlecht gehen sollte, nicht nur physisch, sondern existenziell, eine durch und durch existenzielle Übelkeit. Nicht bloß mein Bild von ihm, meine ganze unschuldige, unechte kleine Dichterwelt sollte untergehen. Plötzlich sah ich es: Sein gesamtes bisheriges Werk hatte gewissermaßen auf diesen Höhepunkt hingearbeitet, diese aus meiner Sicht katastrophale, aber *in Wirklichkeit* erlösende Wendung. Jens Christian Grøndahl wollte mir mit der Hundescheiße etwas sagen, eine letzte, entscheidende Pointe, ehe er mich verließ. Aber was? Etwas über das Leben, ja, aber mehr als das: etwas über die Literatur selbst: Wenn du dich über die banale Gegenwart erheben und hinauf ins Ewiggültige, nicht nur zu den Nobelpreisträgern, sondern den Unsterblichen willst, musst du den Mut haben, deine allertreuesten Leser, *the chosen few*, zu enttäuschen, zu schockieren, das Hochglanzbild, das sie von dir haben, zu zerstören, ihnen geben, was sie am wenigsten von dir erwarten: das Schlimmstvorstellbare, das, was keiner berühren will, das Banale, Peinliche, es klebt dir an den Schuhen, es ist unpassend, übelriechend, übergriffig, ja, aber so ist das Leben!

Das war der entscheidende Durchbruch. Nicht nur für mich, sondern anscheinend auch für ihn, den *wahren* und wirklich nobelpreiswürdigen Schriftsteller. Mit seinem Willen zur Radikalität verwarf er *auf einen Schlag* alles, nicht bloß, was die anderen dänischen Schriftsteller geschrieben hatten, sondern auch *er selbst*. Das Schlimmstvorstellbare war geschehen, und er nahm es auf sich. Er erhob sich aus dem erlauchten Kreis im Elfenbeinturm, kehrte uns den Rücken und stieg auf die Erde hinab unters Volk, jetzt nicht nur als der geborene Künstler, sondern als erfahrener Mensch. Seit diesem Augenblick war Jens Christian Grøndahl nicht bloß ein genialer Avantgardeschriftsteller, ein Gourmet für Gourmets, er war einer der ganz großen, vielleicht der größte.

Und hier, sozusagen an der Schwelle zum Nobelpreis, begegne ich dem (schon seit der Empfängnis) unsterblichen Autor. In der Wirklichkeit. Inzwischen war ich verheiratet, aber noch nicht geschieden, sonst hätte ich den Nobelpreiswürdigen nie im Leben getroffen. Meine Frau und ich hatten eine kleine Tochter bekommen und mit staatlicher Hilfe eine Parterrewohnung in einem der besseren Viertel der Stadt gekauft, doch aus bestimmten privaten Gründen, die mir entfallen sind, konnten wir in den ersten Monaten nicht in die Wohnung ziehen und beschlossen deshalb, sie solange zu vermieten. Aber an wen? Nicht an irgendwen, das ist klar. Den künftigen Nobelpreisträger? Warum nicht! Meine Frau rief seinen

Verlag an und schaffte es, an seine sonst sehr private Nummer zu kommen. Sie rief ihn an und stellte sich als die vor, die sie nun mal war, und sagte, sie habe gehört, er halte nach einer Arbeitswohnung Ausschau, und dass sie zufällig eine Wohnung habe, die sie gerne vermieten wolle, und falls er interessiert sei, könne sie eine Besichtigung arrangieren.

Natürlich sitz ich hier und denk mir das alles bloß aus. Ich war möglicherweise verheiratet und hatte sogar eine Frau, aber dass sie jemals so ein Gespräch mit Jens Christian Grøndahl geführt haben soll, kann ich nicht garantieren. Das Einzige, woran ich mich *wirklich* erinnere, bin ich selbst, wie ich in Østerbro in Kopenhagen im Schatten des Häuserblocks stehe und den wahrhaft großen Schriftsteller die Willemoesgade entlang auf mich zukommen sehe. Er trägt ein Paar klassische braune Herrenschuhe, eine Hose mit diskreter Bügelfalte und einen langen beigen Trenchcoat, neben sich schiebt er ein glänzend schwarzes Herrenrad. Er sieht wirklich sehr französisch aus, das Inbild eines intellektuellen Schriftstellers. In einer Zeitung hab ich inzwischen gelesen, dass er jetzt sehr das Caféleben mag, in einem Café zu sitzen, einen Café au lait zu genießen und die internationale Tagespresse zu lesen. Ich selbst bin zu Cafébesuchen nicht fähig, ich schaffe es irgendwie nicht, aber oft habe ich von draußen aus dem windigen, raukalten Herbst- oder Winterdunkel sehnsüchtig durch die Fenster in ihr warmes Licht geschaut. Und ganz ehrlich: Nie habe ich auch nur den Schatten von Jens Christian Grøndahl gesehen. Und dann plötzlich, schlagartig, geht mir die Wahrheit auf: Natürlich gilt seine Liebe nicht den dänischen »Cafés«, sondern den echten, den *französischen*, den Cafés in Paris, an der Rive Gauche und Rive Droite, oder wie immer das heißt, Rue de Rivoli und Porte Clignancourt, hier, hier sitzt er natürlich gern zusammen mit den anderen französischen intellektuellen Autoren, Bernard Marie Levý und Sartre und Camus, das ist der Grund, weshalb ich ihn nie im Leben gesehen habe, erst jetzt, wo er keine zwanzig Meter entfernt ist und mit jedem Schritt, den er auf mich zugeht, größer und größer zu werden scheint. Ich hebe die Hand und winke, nicht, damit er mich wiedererkennt, er hat mich vermutlich noch nie gesehen, sondern in der Hoffnung, dass er mich wenigstens dies eine Mal bemerkt. – Ich bin's!, sage ich. Er bleibt stehen, greift mit der Linken den Lenker des Fahrrads, das rechts von ihm steht, lässt mit der Rechten los und reicht sie mir. Sie ist warm, ein wenig behaart und viel größer als meine. – Tach, sagt er. – Ich soll dir die Wohnung zeigen, sage ich. – Ja, sagt er. Seine Stimme ist tief, männlich, sanft, wie ein Schmierentenor, oder eher ein Bass. –Da!, sage ich und zeige hoch zu den Fenstern der Erdgeschosswohnung. Er dreht sich und schaut nach oben. Anscheinend war die Wohnung früher mal ein Geschäft, sie liegt ein wenig über dem Straßenniveau, die vier aneinandergereihten Fenster beschreiben einen eleganten Bogen, und der gesamte untere Teil ist sandgestrahlt, damit man nicht hineinsehen kann. – Hast du einen Schlüssel?, fragt er. – Nein, sage ich. Er sieht mich verwundert an. – Leider, sage ich. Jetzt, hier in der fernen Zukunft, höre ich auch, dass das ziemlich unwahrscheinlich klingt. Dass ich keinen Schlüssel zu meiner eigenen Wohnung gehabt haben soll. – Aha, sagt er. Vielleicht war's in Wirklichkeit gar nicht meine Wohnung. – Wie hattest du denn gedacht, dass ich sie anschauen soll? – Das weiß ich nicht, murmele ich und schaue zu Boden, um seinem Blick auszuweichen. Das ist absurd, ich weiß, jahrelang schleiche ich rum und starre durch die Fenster der Kopenhagener Cafés, in der Hoffnung, einen Blick auf den Nobelpreiswürdigen zu erhaschen, und jetzt, wo es endlich geschieht, und er mich obendrein noch bemerkt hat, kann ich ihm nicht in die Augen sehen. Ich schaue auf sein Fahrrad. Es ist ein schickes Fahrrad, ein klassisches Herrenrad, schwarz, natürlich, mit hoch geschwungenem Lenker, Ledersattel und dieser Art elegantem, halbkreisförmigem Regenschutz am Hinterrad, der wohl demselben Zweck dient wie die Schmutzfänger an einem Auto. – Vielleicht, sage ich, – wenn ich's festhalte und du draufsteigst, erst auf den Gepäckträger und von da auf den Sattel, dann ... Er starrt mich an. Dann schaut er über meinen Kopf weg nach oben. – Joh ..., sagt er. Seine Stimme ist warm, tief, sanft, fast brummend, aber das hab ich bestimmt schon gesagt. Ich zucke mit den Schultern. Er dreht sich um und wirft in die Richtung, aus der er gekommen ist, einen Blick die Straße entlang. Nirgends ein Mensch. Er sieht zum Fenster hoch. Und plötzlich tut er es, legt mir seine nobelpreiswürdige Hand auf die Schulter, lüpft die Rockschöße seines Trenchcoats und platziert seinen geputzten braunen Herrenschuh auf dem Gepäckträger, verlagert das Gewicht und hat schon den linken Fuß auf dem Fahrradsattel, das Rad wackelt, ich packe mit beiden Händen den Lenker, halte fest. – Ja!, rufe ich fast, – okay! Mit einem krampfhaften Ruck lässt er meine Schulter los und setzt rasch die Hand um, auf meinen Kopf, der Nobelpreiswürdige legt mir die Hand auf den Kopf!, und dann, endlich, richtet er sich zu voller Größe auf. Ich halte den Lenker mit beiden Händen, klemme das Vorderrad zwischen Knie und Schenkel, versuche mit aller Kraft, das Gleichgewicht zu halten, meine Knöchel sind ganz weiß, ich schiele vorsichtig hoch, sehe, wie er ruhig, tief konzentriert und völlig synchron seine großen, männlichen und zugleich distinguierten, gepflegten Hände über den

Kopf hebt, an die Scheibe presst, um das Licht abzuschatten, und hineinsieht. Das Fahrrad wackelt, sein ganzes Fahrgestell, die klassischen dunkelbraunen Herrenhosenbeine mitsamt Bügelfalte schwanken vibrierend direkt vor meiner Nase, die braunen Herrenschuhe, mir ist fast, als könnte ich sie riechen, das Leder, geschmeidig und gesättigt von Schuhputzcreme, oder schlimmer noch, das kann nicht wahr sein, aber das ist es, der große Schriftsteller, aber das ist ja wohl nicht seine Schuld, das sind die ganzen verdammten Hundebesitzer hier in Østerbro, im Gegensatz zu Frederiksberg, in dem sonst dieselbe Bildungsschicht wohnt und herumspaziert, sind sich die Bürger hier anscheinend zu fein, sich zu etwas derart Banalem herabzulassen wie Hundescheiße aufsammeln. – Wie sieht es aus?, quake ich. – Joh, sagt er. – Ist es in etwa so, wie du's dir vorgestellt hast? Schweigen. Langes Schweigen. Und dann, statt einfach zu antworten, eine einfache Antwort auf eine einfache Frage, »das sieht doch wirklich sehr hübsch aus!« oder »ich hatte es mir irgendwie größer vorgestellt, heller, höher, ein Zimmer mit Aussicht«, öffnet er sich plötzlich und vertraut sich mir quasi an, enthüllt mir, *mir*, der ich mich kaum noch sein Leser nennen kann, bloß ein spindeldürrer Schatten in der Menge der »dänischen Schriftsteller«, der ihm in diesem Augenblick gerade mal bis zu den Schuhsohlen reicht, sein

Innerstes. – Meine Frau und ich, sagt er, – wir haben doch zwei Jungen, Zwillinge, ja, die werden jetzt langsam auch größer, wir waren ein halbes Jahr getrennt, meine Frau und ich, aber jetzt haben wir beschlossen, wieder zusammenzuziehen, das haben wir soweit auch schon gemacht, drüben in Christianshavn, eine schöne, große Wohnung, ja, das ist sie, die wir schon die ganze Zeit hatten, aber wir haben gemerkt, es ist vielleicht das Beste, wenn ich nicht zu Hause arbeite, sondern mir eine Arbeitswohnung suche irgendwo in der Stadt. Was soll ich sagen? Ich nicke. Aber das kann er von ganz da oben natürlich nicht sehen. – Du weißt, wie's ist, sagt er. – Ja, sage ich. Als ob ich irgendwas wüsste. Vom Leben. Davon, ein großer Schriftsteller zu sein. Ich bin zu dem Zeitpunkt noch nicht mal geschieden. – Ja, sage ich. Und dann, ohne ein Wort, legt er mir wieder die linke Hand auf den Kopf und steigt vom Fahrrad, richtet seinen Trenchcoat und reicht mir die rechte Hand. – Danke fürs Blickreinwerfen, sagt er. – Nicht der Rede wert, sage ich. Das ist wahr. Er lässt meine Hand los, fasst den Lenker und geht weiter die Willemoesgade entlang, als wär nichts geschehen. Ich drehe mich und sehe ihm nach, dem großen Schriftsteller in seinem langen beigen Trenchcoat und neben sich das Herrenrad. Jens Christian Grøndahl, der künftige Nobelpreisträger.

DIE UNIVERSALE GROSSMUTTER

Sie saß an einem zufälligen, nicht im mindesten besonderen Tisch, weder am Fenster, von wo man sonst auf einen schönen alten und sehr gepflegten Garten sah, noch für sich in einer Ecke, von der sie diskret das Leben im Café hätte betrachten können, das an diesem Septembersonntagnachmittag mit der Crème der gehobenen Bürgerschaft gefüllt war, gut gekleidete Herren in zum Herbstbeginn passenden Braun- und Graunuancen und ihre origineller farbenfrohen Gattinnen und die Kinder, die sicher Klavier spielten und Privatschulen besuchten, während die Eltern ihren adäquaten Stellungen im Berliner Kulturamt, bei der Deutschen Bank oder an der Komischen Oper nachgingen, sie saß einfach so beiläufig mitten in dem eleganten Leben und doch ganz allein an einem kleinen Tisch in einem provinziellen, aber trotzdem aparten altmodischen Kostüm, Nylonstrümpfen und kleinen weißen Damenschuhen mit flachen Absätzen. Vor ihr auf dem Tisch stand ein Glas Weißwein. Der Wein war kalt. Das sah ich. Das Glas war außen beschlagen. Sie saß mit leicht krummem Rücken, aber dennoch aufrecht und die Schenkel sittsam zusammengepresst da, in ihrem straffen Kostüm. Auf dem Schoß hatte sie eine kleine schwarze Damentasche mit Perlmuttbesatz, deren zwei steife Lederriemen in gesammeltem Bogen über die Tischkante ragten. Sie hielt die Riemen mit beiden Händen und sah in das Lokal. Sie sah nichts. Sie war eindeutig in einer völlig anderen Welt. Sie erinnerte mich vollkommen an meine Großmutter. Außer, dass sie nicht trank. Dafür rauchte sie Zigarillos, kurze, etwas eckige der Marke »Manne«, sie lagen Seite an Seite, schön dicht gepackt, zehn in einer Reihe und in zwei Lagen auf einer Art weißem, ein wenig steifem Wellenpapier in einer beinahe quadratischen, flachen Metallschachtel, deren Innenseite, wenn man den Deckel öffnete, matt und zugleich blendend golden glänzte. Wenn ich von einem Besuch bei ihr nach Hause kam und vorm Schlafengehen den Pullover über den Kopf streifte, hing immer noch der Rauch in der Wolle, kalt und leicht säuerlich, und sandte mich direkt zurück in ihre Küche mit dem schwarz-weiß gesprenkelten Linoleum und der alten Glaslampe über dem Tisch mit ihrem Schleier aus billigen gelbdunklen Perlen. Am nächsten Morgen, wenn ich den Pullover anzog, hing der Geruch immer noch drin, und mehrere Tage umgab mich, wo immer ich ging, eine Aura von kaltsaurem Zigarillogeruch. Ich stand in der Ecke bei den

Zeitungen, immer noch in meiner Windjacke, und betrachtete sie. Ein paar Jahre nach meiner Geburt hatte sie ein berühmtes, mehrere Hundert Seiten langes Gedicht geschrieben. Es hieß *das*. Ich hatte es bei mir zu Hause, hatte es aber nie gelesen. Dafür hatte ich ein anderes, ebenso berühmtes, wenn auch sicher nicht ganz so radikales, aber dafür populäreres oder jedenfalls verständlicheres Gedicht gelesen, das *alphabet* hieß, nicht das ganze, aber einen großen Teil, die ersten fünfzehn Seiten mindestens, von A bis E, »die Eiche gibt es«. Das letzte Mal, als ich sie besucht hatte, drehten wir unsere gewöhnliche Runde. Die Tåstebjerg-Gasse entlang, die nicht mehr Tåstebjerg-Gasse, sondern Quergasse hieß, und sich auf und ab schlängelte zwischen wild überwucherten Böschungen, nahezu eine Schlucht aus unzüchtigem Grün, offen zum Himmelsblau, an dem leichte weiße Septemberwolken vorübertrieben. Die Schlucht öffnete sich und breitete die Landschaft aus, links das Feld, auf dem Rasmus Verner und sein Bruder über die Kartoffelreihen gebückt gestanden hatten, als im letzten Kriegsjahr zwei deutsche Soldaten vorbeikamen und auf dem Kies des Hofplatzes unter der Kastanie neben dem schmalen Teerweg haltmachten, der damals bestimmt nur eine Wagenspur war, und ein wenig mit dem Vater der beiden redeten, bis der eine Soldat plötzlich den Arm hob und übers Feld auf die zwei Söhne zeigte, die sich aufrichteten, zögerten, einen unendlichen Augenblick, wie Rehe, im beinahe kupfernen Septemberlicht, das ihre Schatten messerscharf über die Kartoffelreihen warf. Dann rannten sie los, der Soldat rief, – Halt!, aber sie rannten weiter, sprangen, taumelten schier über die Kartoffelreihen, und der andere Soldat hob sein Gewehr und zielte und zögerte, und plötzlich löste sich der Schuss, und der jüngste Sohn stieß einen Schrei aus und stürzte zu Boden, während der andere die Arme hob und stehen blieb und so stand, ganz still, zitternd, und weinte. Er war jetzt fast siebzig und saß unter der Dachtraufe auf der Bank neben dem Trittstein am Rand des Hofplatzes und sah über die Felder, auf denen noch immer oder schon wieder fahlgrün das Kartoffelkraut wogte. Meine Großmutter blieb unter der Kastanie stehen und grüßte ihn, ohne ein Wort, sie nickte nur, und er hob eine Hand von dem Stock, der zwischen seinen geschlossenen Beinen mit der Spitze im Kies zwischen den Holzschuhen stand, und ließ sie einen Augenblick in der Luft hängen, ehe sie langsam hinabsank. Meine Großmutter bückte sich und fuhr tastend über die Kastanien, die dunkelbraun glühend oder fast noch in ihren stachligen Rüstungen verborgen im Kies lagen, ihr Haar war beinahe weiß, vollkommen wie das der großen Dichterin Inger Christensen, dieselbe Wolke, durch die man schier unerträglich deutlich die Kopfhaut sah, die spröde, pergamenttrockene Landkarte rosa und etwas dunkler leuchtender Kontinente und hier und da die kleinen braunen Flecken wie kleine Grüße von der Leber unten im Dunkeln. Die rechte Hand ließ den Henkel der Handtasche los, die linke hielt unverwandt, beinahe krampfhaft fest, als könnte nicht die Tasche zu Boden fallen, sondern *sie* ins Universum hinausstürzen, wenn sie losließ, und griff nach dem Weinglas, presste die Fingerspitzen um den Stiel und hob es zum Mund und nippte vorsichtig, bis sie es plötzlich und von keinem außer mir bemerkt kippte und in einem Zug leer trank. Langsam und würdevoll stellte sie das Glas auf die Marmorplatte zurück und seufzte. Ich stand einige Meter weiter weg in der Ecke bei dem Ständer mit den Zeitungen von gestern, *Berliner Zeitung, taz, Frankfurter Allgemeine, Frankfurter Rundschau, Süddeutsche*, doch ich hörte und sah, wie die schmalen Schultern in dem Kostüm sich hoben und langsam wieder senkten. Meine Großmutter richtete sich auf und streckte mir ihre geschlossene Faust hin, Handrücken nach oben, die sanfte, leicht fleckige Haut mit den feinen Runzeln und den bläulichen Höhenkämmen der Adern, die sich wie eine schüttere Schattenhand über die Hand hin zu den Knöcheln zog, dem Ehering, der dick und golden im Septemberlicht schimmerte. Dann drehte sie die

Hand und öffnete sie. Ich erinnere mich an die letzte Zeile des Gedichts, das ich schrieb, es war eins von den neun, das kürzeste, bloß zwei Zeilen, so nah, wie ich je dem *Wirklichen* kommen werde, »das Septemberrauschen in der Schale der Hand«. Das vergesse ich nie. Leider. Mir war nach nichts zumute, ich bin rastlos, außerstande, mich in einen Ort zu finden, nicht einmal zufällig in der Menge, wie sie, ich hatte auch gar kein Geld, ich war nur reingeschlichen, um mich ein bisschen umzuschauen, es war ein berühmtes Gebäude, das älteste Literaturhaus der Welt, in der Charlottenstraße oder Charlottenburg, im Kellergeschoss eine feine Buchhandlung, und hier im Parterre befand sich das exklusive Café, in dem sie also ganz zufällig saß, das diskrete Wunder, das sie war, so nah, wie die Literatur unsres Landes je wieder einem Nobelpreis kommen wird, eine kleine provinzielle ältere Dame, die universale Großmutter, in unscheinbar blauem Kostüm, Nylonstrümpfen, kleinen weißen Schuhen mit geflochtenem Oberleder und breiten Absätzen, die sich einen Hauch nach unten verjüngten. Das war das letzte Mal, dass ich meine Großmutter sah. Sofern ich überhaupt sagen kann, dass ich sie sah. Wenn ich sie wirklich *gesehen* hätte, hätte ich wohl ihren Bauch bemerkt, der im Lauf der letzten Monate gewachsen war und sich jetzt unter ihrem Kostüm fast wölbte wie der einer jungen schwangeren Frau. Ich fand, ich sollte etwas sagen, sie wenigstens grüßen, ihr danken für all das, was sie mir gezeigt hat, all das, was es gibt, dass es es gibt, und dass ich es sehen und festhalten soll auf die einzig menschenmögliche Art, in der Sprache, die etwas ganz anderes ist, eine andere Welt, genau wie diese, die auch in einem langen und grausamen Prozess entstanden ist, sich verzweigt, geteilt und wiederholt hat auf alle möglichen und nicht zuletzt völlig unmöglichen Arten, eine Welt, die nicht sterben darf, sondern am Leben gehalten werden muss, rücksichtslos, kompromisslos, jedes Mal anfangen aus demselben beinahe Nichts, dem ersten kleinen Wort, das heißt: das. Ich spürte mein Herz, meinen Puls oder eher ein Prickeln in den Händen. Als gälte es mein Leben. Ich hängte *Die Zeit* zurück an den Ständer und ging zum Ausgang, ich wollte an ihrem Tisch stehen bleiben und sagen, – ach, ist das nicht ..., und einfach ein paar Worte wechseln. Als ich zu ihrem Tisch kam, sagte ich, – Goddag, Inger! Ich sagte es laut, und sie sah auf, aber ich ging einfach weiter, an der Glasvitrine mit all den opulenten deutsch-österreichischen Sahneteilchen, Sachertorte, Apfelstrudel, Nusshörnchen und was nicht alles vorbei und weiter zur Tür. – Goddag, sagte sie hinter mir. Doch da war's irgendwie schon zu spät.

DER SCHRIFTSTELLER HÖCHSTPERSÖNLICH

Ich sah Peter Høeg vom Rücksitz des Autos meiner Eltern, blitzartig, wie eine Offenbarung, ein jäh niederfahrender Prophet, als ich mich, während das Auto auf der E45 Richtung Norden durch Jütland brauste, zwischen den Sitzen vorbeugte und nach dem blauen *SorBits*-Kaugummi langte, das mein hinter der Kopfstütze verborgener Vater mir in der hohlen Hand hinhielt. Er (der Schriftsteller, mein zukünftiges wahres Ich) war eigentlich hinter einer ledernen Halbmaske verborgen und sah mit intensiv, fast wahnsinnig leuchtenden Augen in den Himmel über einem Artikel auf Seite 4 des Kulturteils von *Politiken*, den meine Mutter vorn im Beifahrersitz auf dem Schoß liegen hatte. Wer ist das?, fragte ich, und meine Mutter, die vor Angst, mein Vater könnte frontal in den Gegenverkehr rasen, nicht wagte, den Blick von der Fahrbahn zu lösen, hielt die Zeitung zwischen den Kopfstützen hoch. Ich nahm sie, legte sie auf meine nackten Schenkel und las den von da an heiligen Text, eine Art persönlicher Schöpfungsbericht, vom Schriftsteller höchstselbst verfasst, über den Augenblick in seinem Leben, als er Schriftsteller wurde. Bis dahin war mir noch nie in den Sinn gekommen, eine Zeile zu schreiben, außer in mein Aufsatz- oder Matheheft oder für ein Physik- oder Sozialkundereferat, doch von diesem Augenblick an wollte ich auch Schriftsteller sein, genauer gesagt, ich wollte Peter Høeg sein, ein Alle-und-Alleskönner, der sich nie entscheiden braucht, weil ihm alles auf einmal gelingt: die Pariser Schauspielschule besuchen, Wüsten durchwandern, Swahili sprechen, fechten, Ballett tanzen, Ski fahren, Berge besteigen, Romane schreiben, die sieben Weltmeere (alle zugleich!) besegeln, Vorträge halten, meditieren, wie ein Mönch aussehen und ein Mönch *sein*, Johannes V. Jensen spielen und – bloß mithilfe einer Halbmaske – Johannes V. Jensen *sein* und eine Afrikanerin heiraten, hübsche Kinder kriegen und wie ein Heiliger auf zehn Quadratmetern in einer Oase mitten in der Stadt leben und seine Bücher im Schneidersitz schreiben, in nur zwei Stunden am Tag und das abends, beim Stillen, wenn man am allermüdesten ist, und dann auch noch als Mann! Ich wollte ihm begegnen. Aber wo? Wie begegnet man einem Menschen, der scheinbar überall zugleich ist?

Die einzige Spur, der ich nachgehen konnte, war der Roman, um den sich dem Artikel zufolge alles drehte, und der, wie aus einer kleinen Notiz am Rand hervorging, bereits früher im Jahr erschienen war.

Aber da ich mit meinen fünf-, sechsundzwanzig Jahren noch nicht viel anderes gelesen hatte als Jungsbücher, Troels Kløvedal und *Ayla und der Clan des Bären*, klang der Titel *Vorstellung vom zwanzigsten Jahrhundert* zunächst mal sehr anspruchsvoll. Also riss ich fürs Erste nur die Seite heraus, faltete sie zusammen und steckte sie in die Hintertasche der abgeschnittenen Jeans meiner Schwester (die ich trug, sie hatte sie mir vor ein paar Jahren geschenkt, weil, sagte sie, »diese Boxershorts, in denen du rumläufst, das sind keine Shorts, das sind Unterhosen, ich will nicht, dass die Leute mich so auf der Straße sehen, mit meinem Bruder in Unterhosen!«), und lehnte mich zurück und sah aus dem Fenster auf den dänischen Sommer, der rasch vorbeizog, während ich tiefer und tiefer in meine *Vorstellung von Peter Høeg* versank.

Erst mehrere Jahre später, als ich zum Haus am Meer zurückgekehrt war und mich endlich aufgerafft hatte, in das Städtchen zu gehen und *Die Geschichte unserer Zeit* zurückzugeben, entdeckte ich die *Vorstellung vom zwanzigsten Jahrhundert* im Regal mit den Bücherempfehlungen und lieh es mit ans Meer aus und las es in einem Rutsch auf dem Kokosteppich in dem schattigen Wohnzimmer. Danach ging alles sehr schnell. Ich war bloß sechs Jahre jünger als er, aber das Einzige, was ich bisher in meinem Leben erreicht hatte, war ... nichts. Kaum stand sein zweiter Bestseller *Von der Liebe und ihren Bedingungen in der Nacht des 19. März 1929* in der Buchhandlung Arnold Busck im Regal, stopfte ich ihn mir unter die Windjacke und eilte schwanger vor Bedeutung hinaus. Da ich weder Marquez noch Blixen gelesen hatte, hielt ich es für völlig genial und einzigartig, ich schrieb mich sofort an einer Theaterschule in Vordingborg ein und klaute im örtlichen Buchladen den Weltbestseller *Fräulein Smillas Gespür für Schnee*. Gleichzeitig, in einer Art Parallelleben oder genauer gesagt, zwei, zehn, zwanzig, wurde ich an der Journalistenschule angenommen, nahm Ballettunterricht an *Det Fynske Balletakademi* und ging zum Bodybuilding bei *Aktiv Form* und machte einen Spanischkurs und fuhr nach Alpe d'Huez, um Skilehrer zu werden, und spielte Querflöte und wollte ans Konservatorium und studierte Psychologie an der Universität Aarhus und Spanisch an der Universität Odense und spielte in einer lokalen Band und bekam Gitarrenunterricht von Svend Staal und war Tai-Chi-Schüler von Tal R und bewarb mich auf eine Stelle als Projektmitarbeiter (mit eigenem Motorroller) in einem Dorf außerhalb von Managua in Nicaragua – *gleichzeitig*. Ich war überall und tat alles, was ich nicht konnte, aber ohne großen Erfolg und vor allem: ohne ihm zu begegnen, der

Offenbarung, um die meine ganze (Solo-)Vorstellung kreiste.

Doch dann, eines Tages im Frühjahr 1993, liefen die zwanzig Leben endlich in einem zusammen:
Ich betrete den Sitzungssaal des Schriftstellerverbands in der Strandgade 6, und da, mitten in der Menge von wie's scheint sämtlichen, dicht aneinandergedrängten dänischen Schriftstellern mitsamt ihren Müttern und Stiefkindern und Verlegern und schärfsten Kritikern, alle mit Weinglas in der Hand und das Gesicht dem Mann zugewandt, der die Laudatio hält, steht er, als Einziger ohne Weinglas in der Hand, anscheinend völlig unberührt vom Erfolg und den vielen hektischen Leben der letzten Jahre, in Sandalen und einer leichten, lockeren Baumwollhose, die nicht um die Genitalien spannt und den Eiern schadet, einem lässigen, ungebügelten flachsfarbenen Bauernhemd und sonnengebleichtem Strubbelhaar, goldbraun, als wäre er nicht wie die meisten anderen dänischen Schriftsteller direkt aus dem Taxi gestiegen, sondern von Bord eines motorlosen, weltumsegelnden Holzschoners, der im Schein der aufgehenden Sonne fast lautlos, nur von dem leisen Glucksen des Wassers unter dem Achterspiegel begleitet, fünfzig Meter entfernt hinter dem Außenministerium an den Kai geglitten war. Er steht, wie man im

Sattel sitzt oder eben just *steht*, mit rankem Rücken, gespreizten Schenkeln, leicht gebeugten Knien und dem After so unter die Wirbelsäule gekippt, dass die Energie und die Inspiration frei fließen und die Seele wie eine Flamme aus dem Arsch (geschleudert) geradewegs hoch in den Kosmos schießt. Sein Blick ist intensiv, fast manisch aufmerksam und zugleich ruhig und nachsichtig auf den Mann gerichtet, der bloß wenige Meter vor ihm steht und die Laudatio in das gelegentlich jäh aufheulende Mikrofon murmelt.

Von dem, was danach geschah, fehlt mir jede Erinnerung. Es ist, als stünde die Geschichte hier still, das Bild friert ein, und das Einzige, was ich sehe, und weiterhin sehe, als wär's jetzt, ist das Bild von ihm, Peter Høeg, nicht verloren in der Menge der dänischen Schriftsteller, sondern eher hervorgehoben und in eine völlig andere Dimension enthoben, eine völlig andere Welt, die der Vorstellung.

In ihr bin ich von da an ein Schatten von ihm, oder genauer: die Schatten, Peter Høegs zahllose Schatten.

Ich folge ihm, mache alles, was ich nicht kann, wohne nirgends und überall zugleich, auf einem Sofa in der Dokumentarabteilung des Dänischen Rundfunks, unter einer Autobahnbrücke nördlich von Marseille, im Keller unter der Grand Central Station in New York, bei Joseph London im Wohnzimmer, bei einer unverheirateten Lehrerin in einem Vorort von Prag, bei einer jüdischen Glasbläserin und ihrer usbekischen Schwägerin in ihrer Wohnung auf der »Insel der Dichter« in Sankt Petersburg, auf den Fußböden einer ehemaligen Eisfabrik in Hannover und einer Villa in Maisons-Lafitte. Auf einem Kastenbett in der Rumpelkammer eines Straßenbahndirektors in Risskov lese ich im Lauf einiger verzweifelter Nächte *Der Plan von der Abschaffung des Dunkels*, das ich tatsächlich *gekauft* habe (von Geld, das ich mir freilich geliehen habe, aus einer Keksdose in der Küche einer Frau, die gerade nicht zu Hause war). Im Buch stoße ich zum ersten Mal auf den Schriftsteller innerhalb der Vorstellung selbst und glaube einen Augenblick, er sei's wirklich, bis man mir erzählt, es sei nicht so einfach. Ich seufze und lese weiter. Ich lese langsam, aufmerksam, nahezu manisch intensiv, als suchte ich etwas. Was? Peter Høeg, ja, aber es ist nicht bloß er, will heißen, ich, und auch nicht bloß der Schlüssel zu meinem Leben. Es ist mehr, größer, es ist die Tür zu einer völlig anderen Welt.

Die Jahre vergehen, ich begegne der Frau meines Lebens und mache ihr einen Antrag, und sie sagt Ja, und gleichzeitig erscheint *Die Frau und der Affe*, sie schenkt es mir, und ich lese es (als wär's ich selbst), bin mir aber nicht mehr ganz sicher. Trotzdem mache ich weiter, stehe morgens auf, mache meine Übungen, Tanz, Tai-Chi, Bauchaufzüge und Liegestütze, und so weiter. Ich mache nach wie vor, was ich kann, um, wie er, alles Mögliche zu machen, wirklich, weiß aber nicht mehr, warum.

Und dann, eines Tages, ist er plötzlich verschwunden. Weg! Gerüchte schwirren, wie Gerüchte es nun mal an sich haben, wenn ein Phänomen, das sieben, acht intensive Jahre lang alles dominiert hat und immer und überall in den Medien war, den Gesprächen, Leseklubs, Buchhandlungen, Kinos, sogar Hollywood, quasi von einem Moment auf den anderen verschwindet. Aber in *Wirklichkeit* weiß keiner was. Die Wahrheit ist, Peter Høeg ist verschwunden, nicht nur aus der Literatur, sondern schlicht aus der Welt. Erst bin ich verblüfft, dann von Tag zu Tag verzweifelter, bis mir auf einmal klar wird, es ist keine Tragödie, im Gegenteil, es ist der Höhepunkt der Vorstellung, der größte Geniestreich von allen: Von einem Tag auf den anderen war Peter Høeg nicht mehr alles, überall und alles Mögliche (gleichzeitig), sondern nichts, niemand und nirgends, einfach verschwunden.

Und ich? War vorher schon bloß seine Schatten. Und jetzt war er weg. Ich musste ihm folgen und selbst verschwinden. Aber wie? Ich kramte die Bücher aus meinen Umzugskartons, die jetzt im hintersten der drei kolossalen Zimmer *en suite* meiner Frau in Frederiksberg standen, und las das nunmehr vollendete Œuvre erneut, in der Hoffnung, die Tür zu finden, durch die ich ihm, wie der Schatten des Messias, in die andere Welt hinaus folgen könnte. Aber die Bücher waren wie verwandelt. Was ich für den Schlüssel zu meinem Leben und mir selbst als eine völlig andere Welt gehalten hatte, schien mir plötzlich wie eine einzige große Illusion. Sogar der intimste Augenblick des Gesamtwerks, als Fräulein Smilla wieder mit ihrem Geliebten, dem Elektriker, vereint wird, eine Szene, die ich als Urszene der Liebe gelesen hatte, das Inbild utopischer Liebe, stellte sich als Trick heraus, eine Zirkusnummer, etwas ganz und gar Unmögliches, »aber er tut es!«, die verkehrte Welt: Smilla steckt ihre Klitoris in die Eichelritze des Elektrikers und »vögelt« ihn, voilà! Die Kassen klingeln! Überall in der Welt erheben sich die Leser und applaudieren!

Die Vorstellung war vorbei. Ich klappte das Buch zu und legte es zu den anderen in den Umzugskarton. Was jetzt? Ich habe keine Ahnung. Die Zeit verging wohl. Die Jahre. Ich vermisste ihn. Nicht die Vorstellung, nicht die vielen Leben, und schon gar nicht die Bücher. Ihn, den Mensch Peter Høeg, dem ich kaum je begegnet war, den ich vor vielen Jahren nur ein einziges Mal gesehen hatte. Und trotzdem vermisste ich ihn. Ich ging an den Seen entlang und sah hinüber zur Schule, die er, das wusste ich, besucht hatte und an der *Der Plan von der Abschaffung des Dunkels* spielt, ein schönes, schlichtes, drei- oder vierstöckiges Backsteingebäude. Ganz oben auf dem flachen Dach stand, wie eine Luftspiegelung, ein kleines Haus mit einem hübsch umzäunten Garten. Es stand da, allein, friedvoll, als läge es tief im Wald, oben in den Bergen, draußen in der Prärie. Ich fragte mich, ob all die anderen Menschen um mich herum, die Hundebesitzer und all die joggenden Businessfrauen und PR-Mitarbeiter und Filmfotografen und Juristen und Immobilienmakler, auch das Haus sahen, oder ob ich der Einzige war. Jedes Mal war ich kurz davor, jemand zu fragen, aber ich hatte Angst vor der Antwort. In meiner Vorstellung von Peter Høeg wohnte er jetzt da oben, lebte sein Leben als Niemand, vollkommen allein. Was macht man als Niemand? Nichts. Gießt die Blumen, schneidet das Gras mit der Nagelschere, zieht morgens die Vorhänge auf und nachts wieder zu.

Dann geschah die Katastrophe. Der 11. September dieser Geschichte. »Wo warst du an dem Tag?« Ich stand im Kulturhaus am Blågårds Plads alleine oben im Zeitungsraum. Ich hatte immer noch die Windjacke an und blätterte zerstreut in der Tagespresse, die auf den fünf, sechs zusammengeschobenen Tischen herumsegelte. Plötzlich glitt mir aus einem Stoß die Titelseite der Boulevardzeitung *B.T.* entgegen, mit der Schlagzeile: »Hier versteckt sich Peter Høeg«. Es gibt Dinge in der Welt, nach denen man besser nicht sucht, Erfindungen und Entdeckungen, die man um der Menschheit willen lieber bleiben lässt. Aber das begreifen die Menschen nicht. Jedenfalls nicht die Journalisten von *B.T.* Sie hatten nach Peter Høeg gesucht. Und ihn gefunden. Nicht in dem kleinen Haus auf dem Dach der Bording Realskole. Nicht in einer völlig anderen Welt. Sondern in einem Reihenhaus in einem Vorort von Kopenhagen. Er war geschieden, er war älter geworden, und das Schlimmste von allem: Er hatte nicht aufgehört zu schreiben. Während der letzten zehn Jahre, als ich dachte, er hätte das ideale Leben als Niemand gelebt, hatte er an dem einen großen Roman geschrieben, der früher oder später erscheinen würde. Es war kein Bild von ihm dabei, nur von dem Haus. Ein grobgerastertes Schwarzweißbild, auf das übliche, billige Zeitungspapier gedruckt. Es war von der Straße aufgenommen; durch das winterlich oder vorfrühlinghaft kahle Geäst, Büsche, ein paar immergrüne, friedhofartige Pflanzen, sah man ein niedriges weißes Haus mit schwarzer Dachkante. Es war ein Bild von verhangenem Wetter, Alltag, die Welt genau, wie sie ist, unmöglich, sich etwas anderes vorzustellen.

In den Jahren seitdem hatte ich längst meinen eigenen Weg aus der Welt gefunden und wandelte in ihr nur als Gespenst, als Schatten von Niemand. Und doch spürte ich, als ich die Zeitung hinlegte und runter auf die Straße ging, keine Verzweiflung, eher Trauer, eine tiefe, stille Trauer.

Ein paar Monate später erschien das Buch. Ich versuchte, mich zu verstecken, hörte kein Radio, las keine Zeitungen, und wenn ich mich in den Netto wagte, um eine Avocado und Karotten zu kaufen, vermied ich es, die Schlagzeilenplakate anzuschauen, und summte in der Kassenschlange halblaut vor mich hin, um nicht zu hören, worüber die Leute redeten. Erst etliche Monate später, als *Das stille Mädchen* eines Tages plötzlich in der Bibliothek im Präsentierregal stand, nahm ich es quasi im Vorbeigehen, scheinbar völlig gedankenlos in die Hand und mit nach Hause in meine Wohnung (die jetzt, nach meiner Scheidung, nur einen Pistolenschuss vom Blågårds Plads lag). Ich schloss auf, warf das Buch auf den Küchentisch, machte Tee, aß eine Karotte, sah aus dem Fenster und dann, indem ich mich umdrehte und mit der dampfenden Teetasse in der Hand am Küchentisch vorbeiging, schlug ich das Buch auf und blieb stehen und fing an zu lesen. Unmöglich. Ich begriff nichts. Was ich auf den Seiten sah, war zugleich geordnet und völlig chaotisch. Ich verstand natürlich die einzelnen Wörter, die meisten zumindest, ich konnte sogar wie durch ein dichtes Gewirr von Ästen eine Szene erahnen, oder wenigstens ihre Konturen oder besser gesagt eine Struktur, und hinter der Struktur noch eine Struktur, und hinter ihr noch eine, und so weiter. Wenn das ein Zirkustrick war, war er so virtuos, dass man nicht mehr den Künstler oder die Figur, die Illusion, die er zeichnete, sehen konnte, es war wie tausend und abertausend Da-Vinci-Zeichnungen übereinander, so hyperkomplex und kompakt, dass nichts zu sehen war. Es war das Gegenteil von nichts. Es war alles. Und viel zu viel.

Erst neulich, oder vielleicht liegt auch das schon einige Jahre in der Zukunft, bin ich Peter Høeg begegnet, oder habe ihn genauer gesagt wiedergesehen, zum zweiten Mal in meinem Leben. Es geschieht sozusagen aus verhangenem Himmel. Ich war gerade in meinem Verlag, ja, wie all die anderen mehr oder weniger großen Autoren unseres Landes habe ich jetzt auch einen Verlag, oder besser, sie haben mich, nur was sie mit mir wollen, weiß ich beim besten Willen nicht, ein gutes Geschäft bin ich jedenfalls kaum, im Gegenteil, ich bin wohl der führende Worstseller Dänemarks, aber das weiß zum Glück keiner außer mir, und dem Verlag natürlich, der Lektor hat mir gerade nach einem hastigen Blick auf den Monitor mitgeteilt, dass mein letztes Buch im Gegensatz zu seinen Vorgängern, die sich jeweils 128- und 329-mal verkauft haben, gerade die 600 geknackt habe. Ich gehe durchs Tor und weiter die Pilestræde entlang, es weht ein heftiger Wind, der Himmel, was weiß ich vom Himmel, ich schaue runter auf die Pflastersteine, sie sind grau und glänzen glitschig vom Nieselregen. Ich überquere Landemærket und gehe weiter an den Schaufenstern von Aage Jensen entlang, um einen Blick auf die E-Klaviere und Schlagzeuge zu werfen, die Becken, Hi-Hats, Bass Drums, die billigen, in Lizenz in China produzierten Fender-Gitarren, die man inzwischen zusammen mit einem Ständer, einem Koffer und einem kleinen Verstärker als »Konfirmations-Set« bekommt, und plötzlich, wie eine Fluktuation, ein dunkler Schimmer am äußersten Rand des Gesichtsfelds, spüre ich ihn. Mit plötzlich hektisch pochendem Herz bleibe ich stehen und drehe mich langsam um. Er kommt fünfzig Meter weiter weg auf dem Gehweg gegenüber die Straße entlang, vorbei an der Glasfassade des Filminstituts, im Rücken den Park Kongens Have. Er geht schnell, energisch, aber nicht zielstrebig, eher in einer Serie rascher Rucke oder Spasmen, als triebe der Wind ihn in kleinen, chaotischen Schüben vor sich den Gehweg entlang, ohne dass ihn, außer mir anscheinend, jemand sähe. Er sieht mindestens fünfzehn Jahre älter aus, aber das ist nicht weiter merkwürdig, bloß trist: Mindestens fünfzehn Jahre ist es her, dass ich ihn als junger Mann mit mindestens zwanzig gleichzeitigen Leben in mir aus der Menge der dänischen Schriftsteller treten sah, als die Hoffnung auf eine andere Welt. Er wirbelt um die Ecke und weiter die Vognmagergade entlang, klein, sehnig, angespannt, beinah zitternd, wie ein Muskel, der nach vierzig Jahren ununterbrochener Konzentration auf die vollkommene Ruhe und Balance jetzt schließlich verkrampft, überquert die Straße und weiter an den Fenstern der Egmont-Gruppe entlang, dreht im Vorübergehen den Kopf, nicht als wollte er etwas Bestimmtes sehen, sondern um wenigstens einen Moment den Blick festzuhalten. Plötzlich bleibt er stehen und steht doch nicht vollkommen still, wie in einer gleitenden Seitwärtsbewegung, und sieht mit wilder Intensität in ein scheinbar völlig zufälliges Schaufenster, als hätte in L. Ron Hubbards seit nunmehr zwanzig Jahren ausgestelltem menschenleerem Büro mit dem blankpolierten Mahagonischreibtisch und dem hochlehnigen Stuhl plötzlich jemand Platz genommen, wer, er etwa?!

Und wieder einmal sehe ich mich selbst in ihm, wie ich mich zwanzig Jahre früher vom Rücksitz im Auto meiner Eltern auf der E45 Richtung Norden in ihm gesehen hatte, doch diesmal nicht wie den oder all die, die ich um alles in der Welt werden wollte, sondern als der eine und einzige Niemand, der ich geworden bin: geschieden, obdachlos, unruhig umherirrend, rastlos von einem Tag in den nächsten taumelnd, mit scharf geschnittenen, angespannten Gesichtszügen und einem viel zu intensiven Blick, der verzweifelt, diszipliniert, in äußerster Konzentration sucht, aber ohne eigentlich zu wissen, was, L. Ron Hubbard kann es verdammt noch mal ja nicht sein?!

Es war wie eine Filmsequenz, kein Hollywood-Film, nicht mal eine billige Fernseh-Doku, bloß ein schwarzweißer Clip einer Überwachungskamera, eine Aufnahme, die sicher gespeichert und jahrelang in den endlosen Fraktaltiefen des Internets herumschwirren, die aber nie jemand sehen wird, es sei denn, jemand bekäme sie, wie ich, ganz zufällig zu Gesicht, wie wenn man im Netto Schlange steht und gedankenlos den Blick über die Regale mit billiger deutscher Schokolade wandern lässt und plötzlich auf dem kleinen Schwarzweißmonitor rechts vom Kassierer sich selbst sieht. Sie dauerte keine Minute und handelte von nichts, keine Geschichte, keine Vorstellung, nur was von ihr übrig war: ein Mann, ein Mensch kommt um eine Ecke gewirbelt, geht weiter eine Straße entlang und verschwindet.

DIE INNERSTE ZONE

Ich hatte nie ein sonderlich künstlerisches Sexualleben. Nicht, dass es spießig oder sonstwie gewöhnlich wäre, keine Sachen wie Swingerklubs, Online-Dating oder die eigene Tochter an den Nachbarn vermieten, eher ein bisschen langweilig, klösterlich, wie Jesus oder Franz von Assisi. Ein paarmal habe ich versucht, einen missglückten Geschlechtsakt zu beschreiben. Es ist mir missglückt. Ich muss mich damit begnügen, davon zu lesen. Das kann ich nicht. Ich glaube, ich bin zu schüchtern, um mit einem Gedicht über »die innerste Zone« allein zu sein. Allein schon der Titel! Statt ein intimes, intensives, glühendes Gefühl in mir zu wecken, Schweiß und schnellen Atem, fühlt es sich an wie Eingesperrtsein, Atemnot, keine erogene Zone, sondern ein Gefängnis, Gulag, Auschwitz, wir graben ein Grab in dem Fleisch, dort liegt man eng.

Sie trat fünfzig Meter näher zur Halle auf den Bahnsteig. Wir waren im selben Zug aus der Normandie gekommen, aber das wusste sie natürlich nicht. Ich hatte mehrere ihrer Gedichtbände gelesen und hastig *Die innerste Zone* durchgeblättert, mich aber nicht getraut, in sie einzudringen. Das einzige Gedicht von ihr, an das ich mich zu erinnern wagte, handelt von der Nachtigall. Einen ganzen Winter lang hatte ich neben dem sanft bollernden Petroleumofen an meinem Tisch in der Dienstmädchenkammer über das mehrere Seiten lange Gedicht gebeugt gesessen, bis mir eines frühen Morgens im April 1991 klar wurde, dass es in dem Gedicht gar nicht um eine Nachtigall ging. Es *ist* eine Nachtigall. Die Dichterin hatte eine Offenbarung, sie hat erkannt, dass sie eine Nachtigall ist, der märchenhafteste aller Vögel, der Kaiser und ganze Königreiche verzaubert, und das Gedicht ist ihr Gesang. Ich war ihr nie begegnet, hatte sie nicht mal im Fernsehen gesehen. Mein einziges Bild von ihr war das, welches ich (vage, wie durch einen Schleier) im Gedicht erahnt hatte. Ich hatte nicht gehofft, dass ich ihr je begegnen würde, unter vier Augen, von Angesicht zu Angesicht, oder noch schlimmer. Aber das sollte ich. Das war natürlich ein Missverständnis. Die Veranstalter müssen mich mit jemand anderem verwechselt haben. Claus Bech, zum Beispiel. (Und nicht Claus Beck-, der ich nicht mehr bin.) Ich bin ihm nie begegnet, aber oft für seine Übersetzungen gelobt worden, und ein paarmal hat mir irgendeiner der mehr oder weniger großen Autoren unseres Landes ein signiertes Exemplar eines neuen Buchs geschickt, mit einer Widmung an ihn, den Übersetzer Claus Bech. Das war ein Missverständnis. Aber das machte es nicht weniger wirklich, im Gegenteil, just Missverständnisse haben es an sich, wirklicher zu sein als alles andere, *peinlich* wirklich. Schon zwei Tage zuvor, im Zug von Paris in die kleine Universitätsstadt an der Atlantikküste, wo die Literaturtage stattfinden sollten, hatte ich das Gefühl, dass *sie* auch dabei, dass *sie* mir endlich entsetzlich nah war und dass jetzt kein Weg mehr zurück führte. Hinter meinem Rücken hörte ich ihre verzückt flüsternde Stimme, und im Spiegel der Scheibe vor der vorbeigleitenden, immer flacheren Dämmerlandschaft sah ich den verführerischen Blick ihrer dunklen Augen, mit dem sie jeden Mann in den Bann schlägt, sogar mich, der nie ein richtiger Mann war, sie einspinnt und aufknüpft und entkleidet als nackte Hüllen mit ausgesaugter Seele zurücklässt, die wie besessen spielenden Finger ihrer schier glühenden Hände, mit glitzernden Ringen besetzt, Paris, Place Pigalle, Porno und plötzlicher Tod. Doch das Wesen, das bloß zehn Meter vor mir in der Menge durch den majestätisch hochgewölbten, schmutzigen Torbogen die Bahnhofshalle des Gare Saint-Lazare betrat, war anscheinend nur eine gepflegte Dame mittleren Alters aus dem vornehmen Hellerup in einem langen grauschwarzen

Mantel und hinter sich zwei riesige Koffer wie steifgefrorene Hunde auf Rädern. Jeden Augenblick kam ihr ein Pariser, der's eilig hatte, elegant in die Quere und rempelte sie an, was der eine Hund hinter ihr sofort mit nervösem Wackeln quittierte. Kaum hatte sie sich umgedreht und ihn mit festerem Griff um den steifen Metallstab endlich ein wenig zur Ruhe gebracht, kippte der andere um, worauf sie den ersten mit steif in die Luft ragendem Stab abstellen und den umgefallenen aufrichten musste, doch gerade, als es ihr gelungen war, ihn hochkant zu wuchten, stieß ein anderer zielstrebiger Pariser gegen den abstehenden Stab des wartenden Koffers, er wackelte einen Augenblick und kippte dann um, und sie musste den Koffer, den sie eben erst aufgerichtet hatte, abstellen und sich dem umgefallenen zuwenden, etwas fieberhaft jetzt, beinah konfus, dachte ich, packte sie ihn vorwurfsvoll fest an seinem Stab und hob ihn auf die Hinterräder, während sie, ohne es zu wagen, ihn aus dem Blick zu lassen, mit der freien Hand blind hinter ihrem Rücken fuchtelte, bis sie den Stab des zweiten erwischte und ihn vorsichtig auf die Hinterräder stellen und sich dann endlich umdrehen und einen Schritt, vielleicht zwei machen konnte, dann kam ihr der dritte Pariser in die Quere.

Erst als wir schon fast die riesige, alte Bahnhofshalle durchquert hatten und uns den Ausgängen zur

Stadt näherten, fasste mich endlich der Mut. – Entschuldigung, sagte ich, – kann ich vielleicht behilflich sein? Sie blieb stehen, ohne jedoch die Koffer loszulassen, und drehte sich vorsichtig zu mir um. – Oh!, sagte sie. Sonst nichts. Nur »Oh!« – Mit den Koffern, meine ich! – Bist du's?, sagte sie. Nein!, hätte ich beinah gesagt, aus Angst vor den Konsequenzen, die es haben könnte, ich zu sein. – Warst du auch im Zug? – Ja, sagte ich, das traute ich mich durchaus zu bejahen, aber besser nicht mehr. Eigentlich wollte ich ja bloß mit den riesigen, widerspenstigen Koffern behilflich sein, die sie aus irgendeinem mir völlig unbegreiflichen Grund mitgenommen hatte, es muss doch eine Grenze geben, wie oft selbst die fataleste Dichterin in anderthalb Tagen ihre Garderobe wechseln kann. – Das war eine merkwürdige Veranstaltung, findest du nicht auch! – Ich?, sagte ich. Wie hätte ich das wissen sollen, ich war noch nie zu einem Festival im Ausland eingeladen worden, ich hatte keine Ahnung von dem Unterschied zwischen einem merkwürdigen und einem eher unbemerkenswerten Literaturfestival. Im Grunde genommen kannte ich niemanden, außer den zwei, drei bekannteren dänischen Schriftstellern, die ich nicht kannte, sondern nur gelesen hatte. *Die* kannten sich natürlich, das war auch nicht im Geringsten merkwürdig, sie tranken Rotwein und wussten alles über den Teppich von Bayeux und redeten mit großem Ernst mit ihren französischen Übersetzern und dem sogenannten Moderator auf dem Sofa in der Mitte des ein wenig wohnzimmerhaft eingerichteten Podiums vor den vierzig, fünfzig Studenten und Bürgern von Caen, die mit ebenso großem Ernst zuhörten. Ich wartete in stillem Entsetzen auf den Moment am Spätnachmittag, an dem ich an der Reihe wäre, das Podium zu betreten, und ans Licht kommen würde, dass ich nicht Claus Bech, sondern Claus Beck- war. Ich dachte bloß daran, wie ich verschwinden konnte, ich warf meine ganze Aufmerksamkeit auf das Mittagsbuffet und aß zu viel, und danach machte ich einen langen Spaziergang an der Atlantikküste mit einem großen, schattenhaften, mythenumrankten schwedischen Dramatiker, der kein Wort sagte. Nicht ein einziges Wort. Weit, weit draußen an einer Grillbar am Strand trank ich eine Tasse Kaffee und vergaß mein schönes, dickes olivgrünes Notizbuch mit all meinen Gedichten und Tagebucheinträgen über meine bevorstehende Scheidung, die jetzt glücklicherweise schon längst überstanden war. – Musst du auch zum Flughafen?, fragte sie. – Ja, sagte ich, – das heißt, nein. – Ach, sagte sie, wohnst du hier etwa? – Nein, nein, sagte ich, ich wollte nur, wo ich jetzt schon mal hier bin ... – Ein paar Tage in Paris verbringen! – Nur einen! – Paris, sagte sie, ich wünschte, ich könnte eine Nacht in Paris bleiben. –

Aber du kannst nicht!, sagte ich mit jähem Entsetzen, natürlich, dachte ich, wie konntest du nur so dumm sein, die Koffer, der Mantel, die adrette, ältere Dame aus Hellerup, all das ist natürlich nur Schein, ein Schleier, eine Art, die Verführung zu kaschieren, jetzt hat sie mich, jetzt lässt sie den Schleier fallen und zeigt sich als die Nachtigall, der Engel, die Erlöserin, die sie in Wirklichkeit ist! Sie sah mich ein wenig verwundert an. – Was meinst du, sagte sie. – Musst du nicht zum Flughafen?!, fragte ich. Sie sah auf ihre Koffer. – Weißt du, wie man dorthin kommt?, fragte sie. – Ich schätze, die meisten nehmen den Bus, sagte ich. – Den Bus!, sagte sie, es gibt einen Bus? – Ja, sagte ich und zeigte auf die Ausgangstüren, ich glaub, die halten gleich drüben auf der anderen Seite vom Platz die Straße runter! Sie drehte sich um und sah zu den Ausgängen. – Ich kann gern behilflich sein, sagte ich. – Würdest du?, sagte sie und drehte sich mir zu, ach, das wär... – Nein, nein, sagte ich, – das ist kein Problem. Ich trat mit einem raschen Schritt zwischen die Koffer, fasste die Griffe und hob. Unmöglich. Ich weiß gar nicht, wie sie's geschafft hatte, sie mit dem Flieger nach Paris zu kriegen. – Was ist da drin?, fragte ich und bereute es sofort. – Ja, das ist eine gute Frage, sagte sie und seufzte. Ich versuchte es noch einmal, packte den Handgriff des rechten, kleineren und hob ihn und trat einen Schritt vor und griff den steifen

Metallstab des anderen und zog ihn hinter mir her, spürte, wie er sofort anfing, immer schneller und schneller zu wackeln. Ich setzte sie mit einem Knall ab, richtete mich auf und tat, als wäre nichts, während ich verschnaufte. – Wo ist dein eigenes Gepäck?, fragte sie. – Hier!, sagte ich und drehte ihr den Rücken zu, damit sie den kleinen Rucksack sehen konnte, ein Fjällräven, kein echter natürlich, nur eine billige Kopie, die meine Schwester als Teil eines günstigen Urlaubspakets bekommen und mir nach ihrer Heimkehr geschenkt hatte. – Oh!, sagte sie, – ist das wirklich alles, was du dabei hast? – Ich hab noch nicht so viel geschrieben, sagte ich. – Das kommt, du wirst schon sehen!, sagte sie. Ich packte die beiden Koffer und schleppte und zog sie jeweils hinter mir her, presste die Stirn gegen das schmierige Glas einer der dunkelgrünen Türen, schob sie auf und ging hastig schneller werdend eine kleine Rampe hinunter auf den Platz. – Was für ein Leben!, hörte ich sie hinter mir sagen, – es ist schwer, Zeit zum Schreiben zu finden, meinst du nicht auch? – Doooch, sagte ich und setzte die Koffer ab. Es war eiskalt, November, aber nicht wie »November in Paris«, eher Februar, in Moskau, ein steifer Wind fuhr mir durch die Kleider direkt auf die Haut. – Man ist ja fast nie zu Hause, sagte sie. – Nein, sagte ich, packte die Koffer, hob sie an und zog sie wackelnd übers Pflaster zum Zebrastreifen. – Aber man kann schlecht Nein sagen, sagte sie hinter mir, wenn wildfremde Menschen es sich zur Lebensaufgabe machen, deine Gedichte zu übersetzen und herauszugeben, schuldet man es ihnen, dass man kommt, vor allem, wenn sie einen noch einladen, findest du nicht? – Doch, schon, sagte ich, setzte die Koffer ab und richtete mich auf, es war zum Glück gerade rot. – Und man kriegt ja alles bezahlt, sagte sie, sie tragen einen auf Händen und Füßen. – Ja, sagte ich, es wird grün! Ich wuchtete die Koffer hoch und schleppte sie so rasch ich konnte über den Zebrastreifen, doch als ich den schwereren der beiden den Bordstein hochzog, kippte er seitwärts auf die Fahrbahn. – Ups!, sagte ich, machte schnell einen Schritt zurück, bückte mich, packte den Griff und richtete ihn im letzten Moment auf, ehe das erste Auto angebraust kam, und beeilte mich, wieder an ihre Seite zu kommen – entschuldige bitte, sagte ich außer Atem. Aber sie schien nichts bemerkt zu haben, sie sah weder mich noch die Koffer an, sie schwebte wie sinnenlos oder im Gegenteil übersinnlich und ganz ohne Kontakt mit der Erde durch das Gedränge der Fußgänger, die ständig mit ihr zusammenstießen, ohne dass es außer mir jemand zu bemerken schien. *Übers Wasser geh ich*, dachte ich (so hatte sie ihre berühmte Poetik genannt, denn sie *schrieb* nicht bloß wie die meisten *menschlichen* Schriftsteller, nein, sie *ging* oder *schwebte* vielmehr übers Wasser), aber nicht wie Jesus, eher wie ein Engel, ein reizender Engel in mittleren Jahren. Plötzlich blieb sie stehen. Ich konnte nicht, ich war aus dem Gleichgewicht und ging mit Schwung die letzten Meter zur Bushaltestelle. – Du reist bestimmt auch viel?, fragte sie hinter mir. – Ich, sagte ich und setzte die Koffer ab und drehte mich zu ihr um, – das ist das erste Mal. Sie sah mich an, plötzlich sah sie mich mit großer, tiefempfundener Verwunderung an, als hätte sie mich noch nie gesehen. – Nein!, sagte ich, – das bin nicht ich, das ist ein Missverständnis, Claus Bech, das bin gar nicht ich! – Nein, sagte sie nur und sah mich unverwandt an, gefühlvoll, ernst, – nein, nein, sagte sie, – natürlich bist es nicht du. – Nein, sagte ich erleichtert und hatte auf einmal Tränen in den Augen, – das ist alles ein Missverständnis. – Nein, sagte sie ruhig und streckte die Hand aus, ohne meinem Blick auszuweichen, und nahm meine Hand und drückte sie sanft, – ich weiß sehr gut, wer du bist. – Wirklich?, sagte ich, verblüfft, entsetzt, alles verschwamm, die Ströme von Autos und Menschen, Schildern und Bussen, 26, 24, Rue de Rome, Boulevard Haussmann, Gare Saint-Lazare. – Ja, sagte sie mit einem langsamen Nicken und drückte mir die Hand. – Jetzt kommt der Bus!, sagte ich. Er kam tatsächlich. Ich stellte einen Fuß aufs Trittbrett und hob erst den einen, dann den anderen Koffer hinein und drehte mich zu ihr um. Aber das hätte ich nicht gemusst. Sie war ganz allein in den Bus gestiegen. – Ja dann, wir sehen uns bestimmt, sagte sie. – Ja, sagte ich.

Der Bus war abgefahren. Ich blieb stehen. Ich hatte ja gesagt, dass ich eine Nacht in Paris bleiben wollte, aber ich wusste nicht, wohin mit mir. Mir war noch warm und ich war etwas außer Puste, aber nach ein paar Minuten fing ich an zu frieren. Plötzlich machte ich den Schritt, vom Gehweg runter auf die Fahrbahn, so mache ich es seit jeher, wenn der Verkehr nur dicht genug ist, gibt es immer einen Weg, plötzlich bist du drüben auf der anderen Seite. Nicht, dass es etwas geändert hätte. Ich war hier genauso sinnlos wie eben noch auf der anderen Seite. Es gab jede Menge Möglichkeiten, ich konnte nach rechts gehen, ich konnte nach links gehen, nur wusste ich nicht, warum. Es war November, der Himmel war bleigrau und blass zugleich, wie der Bauch einer verwesten Leiche, der über die Wohnblocks schliff, der Wind heulte mir eiskalten Schneeregen ins Gesicht und drang direkt durch die Kleider. Ich ging nach rechts, gegen den Wind, das schien mir noch das Gerechteste, an ein paar Geschäften vorbei, schnell, als hätte ich es eilig. Ich schaffte es bis ganz zur nächsten Straßenecke, dann gab ich auf und ging in ein Café und bestellte einen Espresso. Ich bezahlte 90 Cent und nahm ihn mit ans Fenster und stellte mich neben einen anderen anonymen Mann. Die Stirn an die kalte Scheibe gelehnt stand ich lange und sah hinaus auf den Verkehr, spürte den still duftenden Dampf des Kaffees, der mir ins Gesicht stieg. Dann schüttete ich ein bisschen Zucker in die Tasse, rührte um und lutschte den Geschmack von starkem Kaffee, Metall und körnig schmelzendem Zucker vom Löffel und langte in der Innentasche nach meinem kleinen olivgrünen Notizbuch, um diese ganze Geschichte aufzuschreiben. Aber da war kein Notizbuch. Das hatte ich in einer Grillbar an dem verlassenen Atlantikstrand vor Caen vergessen. Ich trank den Kaffee in winzigen Schlucken, ließ die Zunge nur kurz die Oberfläche berühren, ehe ich sie zurückzog, ich dachte an Fraktale, daran, dass der Kaffee, wenn der nächste Schluck nur halb so groß war wie der vorherige, ewig halten würde. Plötzlich war die Tasse weg, ich drehte mich um und sah den Kellner in seinem weißen Hemd, schwarzer Weste und um die Taille gebundener Lederschürze mit nur halb vollem Tablett zur Bar gehen. Es gab keinen Weg zurück. Ich setzte meine Mütze auf und ging hinaus in die Welt. In der Zwischenzeit war sie dunkel und womöglich noch eisiger und windiger und trotz der Ströme von Menschenleibern, die im Licht der Autos an mir vorüberglitten, völlig verlassen. Mit heftig klopfendem Herz machte ich mich auf den Weg zur Seine. Ein bekannter Theaterregisseur hatte mir die Adresse einer billigen, kleinen Pension gegeben, die in »gesegnetem« Frieden am Ende der Insel in der Mitte der Seine liegen sollte. Ich ging an Les Halles vorbei, über den großen, schrägen Platz hinterm Centre Pompidou, das in dem windverwüsteten Winterdunkel aussah wie ein überirdisches Kanalisationssystem, eine riesige, kaputte Behindertentoilette, an der Seite das Becken mit den rostigen bunten Figuren, die sich farblos und quietschend drehten wie Gespenster. Auf der Brücke über die Seine warfen sich Windböen auf mich und stießen mich gegen das Geländer, meine Finger in den löchrigen Handschuhen schrien. Drüben auf der Insel waren die Straßen verlassen und schmal und so gut wie nicht beleuchtet. Ich hatte keinen Stadtplan und auch keine Lust, in meinen Taschen nach der Adresse zu kramen, also folgte ich einfach einer Art bangen Ahnung, so mach ich es seit jeher, früher oder später geht man weit genug in die Irre. Da lag sie, an der Ecke eines kleinen Platzes zur Seine. Wie sie hieß, weiß ich nicht. Ich ging eine Treppe hinauf und betrat ein wohnzimmerartiges Foyer. In tiefen Sesseln entlang der Wände, im Schein je einer eigenen Fransenlampe, saßen die Gäste wie Mitglieder einer großen, harmonischen Familie und lasen und tranken ihren Abendtee. Ich zog meine Handschuhe aus und genoss eine Weile den Schmerz, mit dem das Leben in meine Finger zurückkehrte, und sah auf den freien Sessel in der Ecke, in dem ich jeden Augenblick mit den Händen um meine eigene wärmende Tasse sitzen würde. Hinter einem schweren, alten, dunkel lackierten Schreibtisch saß in dem gedämpften gelblichen Schein einer Tischlampe eine ältere Dame und machte in einem altmodischen Reservierungsbuch Notizen. Die Dame des Hauses und ihre Pensionsgäste. Sie schrieb ihre Zeile zu Ende, dann hob sie den Blick und sah mich über den Rand ihrer Lesebrille hinweg an. Einmal am Tag rief meine Mutter ihre Mutter an, an einem Abend wie heute Abend, meine Großmutter stand in der Küche und spülte die beiden Teller und Gläser nach dem Abendessen, das auf dem Land immer bloß aus ein paar Scheiben Brot mit Aufschnitt bestand, gerolltes Bauchfleisch mit einem Streifen zitterndem Aspik, ein anderes mit Leberpastete und für meinen Großvater eine Scheibe Weißbrot mit Käse, und hörte das Telefon klingeln. Es klingelte mit einer richtigen Glocke, majestätisch und durchdringend wie ein Gebot von höchster Stelle, das bis in die entlegensten Winkel des Reiches drang, die Billardstube, die immer eiskalt und in Wirklichkeit der alte Schweinestall war, und bis zum anderen Ende, die kleine, aber ebenso kalte Gästetoilette mit einem Gruk von Piet Hein an der

Wand und der Rolle braunem Papier, glatt und hart auf der einen Seite und hart und trocken auf der anderen und beim Abwischen fast wie Schmirgelpapier. Sie wischte sich die Hände an einem Geschirrtuch ab und pantoffelte über den rauen Linoleumboden zur Tür in das niedrige und immer zwielichtverhangene Esszimmer, wo das Telefon, als der bedeutende, beinahe heilige Gegenstand, der es war, ein wenig über alles erhaben auf einem eigenen kleinen Telefonregal an der Wand gleich hinter der Tür genau im Zentrum des Hauses thronte. Sie hob den schweren schwarzen Bakelithörer von der Gabel, hielt den einen Trichter ans Ohr und sagte, – Lilly Marcussen, in den anderen. Worüber sie sprachen, weiß ich nicht mehr, keiner in meiner Familie hat je etwas Bedeutendes gesagt, eben darum war meine Kindheit so geborgen. Wenn ich nicht gewesen wäre, hätte aus mir zweifellos ein glücklicher Mensch werden können. – Une chambre à un lit pour une nuit, sagte ich, setzte den Rucksack ab und zog den Reißverschluss meiner Jacke auf. – Do you have a reservation, sagte die Dame. – Nein, sagte ich. – I'm sorry, sagte sie, – we're completely booked for the rest of the week. – Aha, sagte ich und sah sie an. Ich hatte keinen Augenblick die Möglichkeit in Erwägung gezogen, dass auf mich, wenn ich endlich ankäme, kein gemütliches kleines Zimmer mit weicher Bettdecke und duftenden Laken warten würde, der Theaterregisseur hatte kein Wort von Reservierung gesagt; bei meiner Rückkehr würde ich ihn sofort anrufen und erzählen, wie schrecklich alles gewesen war. Doch als ich zurückkam, war er tot. Ich war bloß zwei Tage fort gewesen. Aber manchmal reichen zwei Tage, dass ein Mensch stirbt. Ich hätte nicht wegfahren sollen. Wenn ich nicht weggefahren wäre, wäre alles anders gekommen, und ich wäre zweifellos derselbe geblieben. Die Dame blickte ins Reservierungsbuch. Ich blieb stehen. Es war wohlig warm und still, bis auf das Kratzen ihres Bleistifts. Ab und zu räusperte sich einer der Gäste, blätterte eine Seite um. Das klingt so leicht. Einfach stehen bleiben. Ich schloss die Augen. Das Kratzen des Bleistifts verstummte. Einen Moment lang saß die Dame regungslos da. Dann sah sie auf. Sie schüttelte den Kopf. – No, sagte ich und nickte, drehte mich um und ging die Treppe runter hinaus in die Dunkelheit. Ich stand eine Weile und betrachtete die Brücke, die sich ein paar Hundert Meter weiter weg als schwach leuchtender Bogen über den Fluss erhob. Muss ich mehr sagen? Wenn ich nach links ging, gegen den Wind, würde ich in der Seine enden wie Celan, es war ganz einfach, der Kai war nur zehn Schritte entfernt.

Ich ging den Weg zurück, den ich gekommen war, durch die menschenverlassene Gasse, über die Brücke, vorbei an den gekenterten Rohrsystemen, Les

Halles und weiter in das dahinterliegende Viertel, wo, wie ich wusste, die billigen Hotels lagen, die mit gekräuselten Schamhaaren auf dem Laken und uringelben Rändern in dem winzigen Waschbecken am Hinterhoffenster, über die Rue La Fayette und weiter hinauf zur Place Pigalle. In den schmalen, beleuchteten Eingängen der Bordelle und Sexklubs und Pornoläden standen die Mädchen in ihren Lackstiefeln und Netzstrümpfen oder engen Jeans mit Lippenkonturen im Schritt und kleinen, tief ausgeschnittenen Spitzenblusen und metallisch schwarz oder blond glänzenden Perücken und rauchten und schlängelten sich lachend um den Türsteher oder Zuhälter, entweder jung und muskulös, Maschinenschnitt, solariumgebräunt, oder ein magerer, zäher, sonnengegerbter älterer Typ mit verfärbten Zahnstummeln und verschränkten Armen, und fingen dabei wie zufällig meinen Blick und hielten ihn eiskalt fest und riefen und deuteten mit einer spöttischen Kopfbewegung in einen der beleuchteten Veloursschächte hinter sich. Ich sah zu Boden und ging weiter, an den Gitarrengeschäften und den geschlossenen Gemüseläden und schwarzen und blassweißen Müllbeuteln vorbei, die mit aufgerissenem Bauch voll matschiger Obstreste, Pizzaschleim, Plastik und aufgeweichtem Karton obszön im Regen unter den gelblichen Lampen schimmernd im Rinnstein lagen, bis ich zur Place Pigalle kam, und ging eine Runde an den großen Nachtcabarets vorbei und wieder den Weg zurück, den ich gekommen war. In der Rue Notre Dame de Lorette sah mir eine Hure in mittleren Jahren direkt in die Augen, zog ihr lilafarbenes Satinhemd beiseite und entblößte eine schlaffe Brust mit der faltigen Tätowierung eines Gesichts, etwa meines? (Wer Lust zu deuten hat, nur zu.) Mir war nicht danach. Ich kann nicht. Ich hab es natürlich versucht. Aber nicht, weil ich Lust hatte, im Gegenteil, weil ich *keine* Lust hatte, es war eine Versuchung, wie die des heiligen Antonius, Jesu oder des heiligen Franziskus, nur umgekehrt. Für sie bestand die Versuchung darin, nicht zu tun, worauf sie vielleicht mehr als andere Lust hatten. Für mich bestand die Versuchung darin, das zu tun, worauf ich, im Gegensatz zu mehr oder weniger allen anderen, *keine* Lust hatte. Aber das ist eine andere Geschichte. Vergiss es. Es war auch mindestens zehn Jahre her. Von der *innersten Zone* hatte ich da noch nicht mal *gehört*. Es war auch gar nicht hier, sondern in Berlin. Die Mauer war gerade gefallen, und einen ganzen überheißen Sommer lang war die Oranienburger Straße voll junger, hübscher, anscheinend komplett unberührter Huren gewesen, die nach ihrer Kindheit und frühen Jugend in dem utopischen Kleinbürgertum des DDR-Kommunismus und ein, zwei Lehrjahren in den Klubs ganz oben in Honeckers Hotels direkt auf den freien Markt spaziert waren, wo die Mercedesse, das Gesicht des Fahrers im Dunkel der Kabine verborgen, Schritttempo fuhren und einer nach dem anderen die schier perlmuttgleißenden Schenkel der Mädchen im Licht der Scheinwerfer fingen. Fast alle waren Blondinen, mit langem Haar, das bis über die Hintern in den winzigen, hautengen Satinshorts fegte, langschäftigen Lackstiefeln und perfekten, nackten Schenkeln, die sich erst bei genauerem Hinsehen, von ganz nah, wenn man sich runterbückte, als mit einer solariumbraunen Nylonhaut überzogen herausstellten, die unter dem Rand der winzigen Shorts verschwand, die oben V-förmig Nabel und Bauch freiließen, bis ganz hinauf zu den in den aggressiv ausgebeulten Tops wie Torpedos vorragenden Brüsten. Ihre Gesichter waren gesund und selbstsicher, wie ein Beweis der Überlegenheit des Kommunismus über den Rest der Welt und seiner Huren, die immer, quasi von dem Tag, an dem sie auf die Straße gehen, fertig sind, misshandelt und auf dem Weg hinab in die Hölle. Es war ein historischer Augenblick, utopisch, etwas in Wirklichkeit völlig Unmögliches, das nur einen Moment dauern und nie wieder geschehen würde. Es war kurz gesagt jetzt und nie. Am ersten Abend ging ich von der Dämmerstunde bis tief in die Nacht so ungesehen wie möglich in den Schatten entlang der Hausmauern zwischen der Tucholskystraße und der Ruine des alten Einkaufspalasts hin und her. Aber ganz am Ende der zweiten Nacht ging ich um die Ecke und etwas weiter die Friedrichstraße entlang, wo die größte, schönste und einzige Schwarzhaarige der Mädchen ein wenig abseits stand wie ein Geheimnis. Ich blieb stehen und wartete einen Augenblick mit dem Rücken zu ihr und sah auf den Verkehr, bis sonst niemand in der Nähe war. Dann drehte ich mich um und fragte, wie viel es kostete. – Hundertachtzig Mark, sagte sie, ohne mich anzusehen. Und wo? – Drüben, oben, sagte sie mit einem fast unmerklichen Kopfnicken zum vierten Stock eines runtergekommenen, dunklen Hauses auf der anderen Straßenseite. – Bist du morgen Abend wieder hier? – Morgen?, sagte sie, – warum erst morgen? – Ich hab heute kein Geld dabei.

Am nächsten Abend gegen elf ging ich, einen kleinen Umschlag mit zehn Zwanzigmarkscheinen in die Unterhose gestopft, die Oranienburger Straße entlang. Bei der Ruine des alten Einkaufspalasts blieb ich stehen und sah vorsichtig um die Ecke. Da stand sie, groß und schön und arrogant und glänzend schwarz und in sich gekehrt, eiskalt und glühend. Ich drehte mich um und ging ein Stück zurück in eine der neu eröffneten Bars gegenüber der Ruine und bestellte einen doppelten Tequila. Die Stühle waren alle besetzt, also stellte ich mich mit dem kleinen, kippeligen und bis über den Rand gefüllten Glas, der Zitronenscheibe und dem Halbmond aus grobem Salz in der Beuge zwischen Daumen und Zeigefinger an den Rand der Bar. Ich hatte so was noch nie gemacht, ich wollte alles mitnehmen, jedes kleinste Detail. Ich schloss die Augen, tupfte die Zunge in das Salz, hob das Glas an die Lippen und goss den Tequila – langsam – in den Mund, ließ ihn am Gaumen brennen und in einer lang anhaltenden Explosion die Kehle hinuntergleiten, zu den Klängen der Countrymusik, Johnny Cash, der ist jetzt tot, wie der Theaterregisseur, Henrik Sartou hieß er, und Poul Borum und meine Großmütter Lilly Camilla und Helga, meine Großväter Ludvig und Rudolf, und Inger Christensen und Michael Strunge und Jakob Ejersbo und Morti Vizki und alle, die ich vergessen habe, und die, denen ich nie begegnet bin, und die, von denen ich nie gehört habe, es nimmt kein Ende, mit jedem neuen Namen, den man schreibt, muss man einen weiteren schreiben. Ich stellte das Glas auf den Tresen und quetschte mich durch die Menge raus auf die Straße. Es war Mitternacht, aber immer noch mindestens zwanzig Grad, in dem blauen Dunkel über der Ruine des alten Einkaufspalasts glitzerte der Oriongürtel. Ich bog um die Ecke in die Friedrichstraße und blieb vor ihr stehen. Sie sah mich an, ich nickte, und sie warf den Kopf zur Seite und ging vor mir über die

Straße, durch die Tür und eine schmale Treppe mit einem verblassten Läufer von vor sämtlichen Weltkriegen hinauf. Überall lagen Flaschen, schlaffe Kondome, Reklame und Zigarettenstummel. Ganz oben blieb sie vor einer niedrigen Tür stehen und klopfte. Sie klopfte noch einmal, kräftiger, und die Tür ging auf, und ein über zwei Meter zehn großer Mann beugte seinen glänzenden Schädel unter dem Türrahmen durch. Im fahlen Licht einer Deckenbirne in dem schmalen Flur hinter ihm dachte ich einen Augenblick, sein ganzer Schädel wäre von einem großen dunkelroten Muttermal bedeckt (als schlänge ihm eine Schwarze Witwe oder Vogelspinne ihre behaarten Beine um Stirn und Schläfen). Dann begriff ich, dass es Blut war, geronnenes Blut. Als hätte jemand vor ein paar Stunden eine Weinflasche auf seinem Schädel zertrümmert, ohne dass er es gemerkt hatte. Er schüttelte langsam den Kopf. – Wieso?, fragte sie, – wann? – Weiß nicht, halbe Stunde vielleicht. – Ach, sagte sie. Sie wandte sich mir zu. – Trinkste 'nen Sekt? – Sekt?, sagte ich. Sie wandte sich zu dem Riesen. – Jemand in der Küche? – Die Anja. – Allein, oder ...? Er schüttelte den Kopf. – Geht das? Der Riese zuckte mit den Schultern, trat einen Schritt zurück und machte Platz. Sie ging vor mir einen langen, niedrigen Korridor mit geschlossenen Türen auf beiden Seiten, keine Nummern, nur Türen, bis ganz zum

Ende und in eine enge Küche mit Schräge. In die drei Quadratmeter zwischen Kühlschrank und Spüle gequetscht standen ein hoher Cafétisch und drei Stühle. Eine kleine, dralle Blondine aus der Oranienburger Straße saß dort mit einem Kunden, ein jüngerer, gut gekleideter Mann in langem Baumwollmantel, Gabardinehosen und schwarzen Halbstiefeln von der Sorte, wie westdeutsche Geschäftsmänner und Bundestrainer sie tragen, ein echter Wessi, bestimmt mit Frau und zwei wunderbaren Kindern drüben in Charlottenburg. Sie lachten leise und intim, verstummten aber, als wir eintraten. – Hallo, sagte meine Hure und sah der Blondine scharf in die Augen. Die Blondine klickte nur ein paarmal kurz mit ihren langen Nägeln und wandte sich wieder ihrem Kunden zu. Der sah aber nur mich an. – Hallooo!, lallte er, – willkommen im Zentralkomitee!, und schlug eine laute, betrunkene Lache an. Die Mädchen sahen sich kurz und scharf in die Augen, dann gab die Blondine mit einem mürrischen Schnauben nach und steckte sich eine Zigarette an, und die Schwarzhaarige fischte zwei Gläser aus der überfüllten Spüle, schwenkte sie aus, trocknete sie flüchtig mit einem Stück Küchenrolle und schenkte sie dreiviertelvoll mit Sekt aus der Flasche, die auf dem kleinen Tisch stand. – Prost!, sagte der andere Kunde und hob sein Glas. – Prost!, sagte ich, stieß mit seinem Glas an und drehte mich zu meiner Hure um. Plötzlich fühlte ich mich zu Hause, als hätte man mir auf dem Weg zum Schafott fünfzehn Minuten geschenkt. – Wie heißt du? Sie sah die Blondine an, ein scharfer, starrer Blick. Aber ich gab nicht auf, ich hatte alle Zeit der Welt, fünfzehn Minuten, ein ganzes Leben, ich wollte alles wissen, sie kennenlernen, ihre Eltern draußen in Pankow besuchen, heiraten, sesshaft und Bürger in der neuen Welt werden wie jeder andere. Aber das wollte sie nicht. Sie wollte mich bloß hinter sich bringen. Sie antwortete knapp und ohne mich anzusehen, Maike, zweiundzwanzig, in Neukölln aufgewachsen, als Model gearbeitet und ein halbes Jahr im Klub im SED-Hotel am Alex. Und weiter? Nichts weiter. Plötzlich steckte der Riese seinen blutverkrusteten Schädel unter dem Türrahmen durch und sah sie an. – Okay, sagte sie, gehen wir.

Das Zimmer war niedrig und eng, höchstens acht Quadratmeter, eine schmale Couch, ein kleiner Schreibtisch mit druntergeschobenem Stuhl, ein grauer Plastikpapierkorb ohne Beutel, bloß ein paar Stück zerknüllte Küchenrolle auf dem Boden und ein minimal kleines Waschbecken. Sie schloss die Tür, ging an mir vorbei zum Schreibtisch und drehte sich zu mir um. – Okay, sagte sie leise. – Jah?, sagte ich. – s'Geld!, sagte sie. – Ahh! Ich griff mir in die Hose und zog den kleinen Umschlag hervor, nahm die neun übriggebliebenen Scheine raus und reichte sie ihr. Sie zählte sie und sah auf. – Und?, sagte sie. – Hundert und achtzig, sagte ich. – Das war fürs Zimmer, sagte sie, – dazu kommt dann der Sekt, und wenn Sie sonst noch was mögen ... – Aber ... sagte ich, mir war schwindlig, – aber ... ich habe gefragt, und Sie haben hundertachtzig gesagt! Sie sah mich bloß lange und ausdruckslos an, als wäre ich ein kleiner Junge. Was ich auch war. – Wie viel haben Sie noch? Ich zog die Münzen, die von dem doppelten Tequila übrig waren, aus der Tasche und hielt sie ihr hin. Sie schüttelte den Kopf. Dann nahm sie sie und legte sie auf den Schreibtisch. – Okay, sagte sie, – erst mal ein bisschen frisch machen. – Was?, sagte ich. – Erst mal ein bisschen frisch machen, sagte sie mit einem Nicken zum Waschbecken. – Ach ja, sagte ich, stellte mich davor und drehte den kleinen Wasserhahn auf. Nach einem langen, tiefen Gurgeln kam das Wasser in großen, hustenden Stößen. Es gab keine Seife, also hielt ich bloß die Hände unter den Hahn und spülte und schüttelte sie und starrte dabei auf das Wasser, das immer noch lief. Ich sollte es besser abstellen, dachte ich, aber mir war, als reichte es nicht, als müsste ich mehr machen, also beugte ich mich vor und warf mir ein paar Hände Wasser ins Gesicht, drehte den Hahn zu und trocknete mein Gesicht und danach die Hände an einem schmutzigen Geschirrtuch, das an einem Nagel hing, ehe ich mich zu ihr umdrehte. Sie sah mich verwundert an. Ich streckte ein wenig die Hände vor. Sie sah sie kurz an und schüttelte resigniert den Kopf. – Auch da, sagte sie und schloss die Augen, – unten! – Ach!, sagte ich, drehte mich wieder zum Waschbecken, drehte den Hahn auf, öffnete den Hosenschlitz und zog mein Glied raus und hielt es über den eiskalten Porzellanrand in die kleinen Wasserhuster und versuchte, es ein wenig zu waschen und sauber zu reiben. Sie seufzte ungeduldig hinter mir, und ich steckte es schnell wieder rein, aber ohne den Reißverschluss zuzuziehen, stellte das Wasser ab und drehte mich zu ihr um. Sie sah mich nicht an. – Okay, sagte sie nur und nickte in Richtung Couch. Ich stellte mich an die Couchkante. Sie stand direkt hinter mir, wir kannten uns seit vierzig Minuten, sie war fünf Jahre jünger als ich. – Ausziehen, sagte sie. Ich streifte die Schuhe ab, öffnete die obersten Hemdknöpfe und zog das Hemd und dann das T-Shirt über den Kopf, machte die Hose auf und zog sie mitsamt der Unterhose in einer Bewegung zu den Knöcheln runter, streifte sie ab und sammelte alles auf und warf es vorsichtig über den Stuhl. Ich richtete mich, ohne mich zu ihr umzudrehen, auf, nackt bis auf meine weißen Sportsocken. Ich blickte auf die schmale Couch. Sie war mit einem grobgewebten, ausgeblichenen bordeauxroten Überwurf bedeckt, der einmal geblümt gewesen war, aber mit Sicherheit nie gewaschen. Am Ende, zur Wand hin, ahnte ich den weißen Rand eines Lakens und das Kissen, das dem Überwurf eine sanfte Wölbung gab. Ich fasste den Saum des Überwurfs und zog ihn beiseite, um unter die Decke zu kriechen. – Nein!, sagte sie scharf, – was machen Sie da?! Sie beugte sich an mir vorbei vor und zog den Überwurf hastig über das weiße Kissen und das Laken, als hätte ich gerade etwas höchst Privates oder Obszönes entblößt. – Legen Sie sich doch einfach hin! Ich nickte, setzte mich hin, schwang die Beine hoch und legte mich mit den Händen an den Seiten auf den Rücken und sah an die Decke. Sie war fleckig. Der Bettüberwurf kratzte fürchterlich an den Pobacken. Aus dem Augenwinkel sah ich, wie sie mir den Rücken zukehrte, ihr Oberteil auszog und auf den Tisch legte. Sie zog eine kleine Schublade auf, nahm ein Stück silbernes Plastik heraus, riss es mit den Zähnen auf und zog ein Kondom hervor. Dann drehte sie sich halb zu mir um und setzte sich neben mich auf die Kante, nahm mein Glied, richtete es auf und rollte das Kondom über. – Sie können anfassen, sagte sie. – Anfassen?, sagte ich und hob den Kopf. Sie schnaubte ungeduldig, nahm meine Hände, als wären sie die Enden eines Flugzeuggurts, zog sie um sich und legte sie auf ihre Brüste. Sie waren straff gespannt und leicht kühl, wie unreifes Obst, die

Brustwarzen bohrten sich fest in meine Handfläche. Unter der linken spürte ich ihr Herz zittern wie eine winzige Hand, die in meiner pochte. – So!, sagte sie.

Der Rest war unbeschreiblich peinlich. Unbeschreiblich. Ich hätte nie nach Paris fahren sollen. Ich wusste nicht mehr, wo um alles in der Welt ich war. Es gab keine Huren mehr. Und ihr Flieger war sicher schon längst gestartet und wieder gelandet. Sie war zu Hause. Und ich? Ich sah zu einem Straßenschild auf und blieb stehen. »Rue d'Aboukir«. Als wär ich im hintersten Winkel des Imperiums angelangt, Ougadougou, Madagaskar, Île de la Réunion. Auf der anderen Straßenseite, im rechten Winkel zur Mauer eines verfallenen Hauses, hing ein längliches Leuchtschild mit einem Riss quer durch den Namen »Hôtel Royal Aboukir«. Im Schatten unter dem Schild sah ich eine Doppeltür und die zerfransten Reste eines Läufers, der früher, vor dem Rückzug der Franzosen, einmal rot gewesen sein musste. Aber das ist jetzt schon lange her, fünfzig Jahre, mindestens. Ich schaffe es nie in *Die innerste Zone*. Das Ganze kann genauso gut hier enden.

DER GEBORENE HUND

Ich war eigentlich immer schon ein etwas undefinierbares Wesen, aber dass ich mal als Hund in die Geschichte eingehen würde, hätte bestimmt keiner gedacht. Am allerwenigsten meine Mutter. Oder anders gesagt:

Ich war der geborene Schauspieler. Schon in der ersten Klasse spielte ich die Hauptrolle, Putilut, ein etwas undefinierbares Wesen, Fee, Luftgeist, Erscheinung, in einem Stück, das unsere Klassenlehrerin, Frau Hesel, selbst eine leidenschaftliche Dilettantin im Gemeindehaus Stenløse, für unsere Eltern auf die Bühne brachte, mit uns Kindern in allen tragenden Rollen. Seit dem Tag hatte niemand Zweifel an meiner Zukunft. Als wir in die zweite Klasse kamen und den »Rattenfänger von Hamlet« aufführen sollten, oder vielleicht hieß sie auch Hammel, die Stadt, irgendwo da unten in Deutschland, war die ganze Klasse, die Mädchen wie auch die richtigen Jungs, sich einig, dass ich die Hauptrolle als Rattenfänger spielen solle, der war schon ein wenig sonderbar, wen wundert's also, dass mich eines schönen Tages der spätere Schauspielchef des Königlichen Theaters, Emmet Feigenberg, anrief. – Hesselholdt, sagte ich. – Claus, bist du's?, fragte er. – Ja, sagte ich. – Hier ist Emmet, sagte er, – Feigenberg, du, hör mal her: Der große Peer Hultberg hat ein neues Hörspiel geschrieben, da hat es eine ganz besondere Rolle, und der Dramaturg (das sagte er nicht, er sagte Heino Byrgesen, aber das kann ich ja nicht schreiben, Heino Byrgesen, das klingt, als hätte ich's mir ausgedacht, ein Alter Ego, oh nein, Heino Byrgesen, der war auch ein bisschen undefinierbar, und dann seine jämmerlich winselnde Hundestimme, »Heino Byrgesen«) und ich haben lang hin und her überlegt, wer sie spielen könnte, und dann haben wir an dich gedacht. – Mich?, sagte ich. – Ja!

Das Stück hieß *Die Zerbrechlichen*, so weit, so gut, es handelte jedenfalls von einem Ehepaar und seiner Tochter und dem Hausfreund, der sich auch als Liebhaber der Frau entpuppt, die zusammen mit dem Auto Richtung Süden durch Europa fahren. Wie mir aus der Zukunft geschnitten: die Frau, die Tochter und der Freund, oder »Kollege«, der sich als Liebhaber der Frau herausstellt, wenn man von dem Auto absieht, so eins hatte ich ja nie. Der Regisseur, der zukünftige Chef des Königlichen Theaters, nannte die vier bekannten Schauspieler, welche die vier Rollen spielen sollten. – Und ich?, fragte ich, – wer soll ich sein? – Der Hund, sagte er. – Der Hund?, fragte ich. – Ja, sagte er, – das ist eben das Besondere, da ist auch ein Hund dabei, der dem Hausfreund, also dem Liebhaber, vor den Füßen liegt, ich weiß, das klingt jetzt nicht direkt nach viel, Claus, aber am Ende zeigt sich, dass er die entscheidende Rolle spielt. – Der Hund?!, sagte ich. – Ja, sagte er, – am Ende hat er die Schnauze voll von dem Ganzen, den Menschen mit all ihren Traumata und Neurosen, Träumen, Hoffnungen und Betrug und Selbstbetrug, er steht auf und tobt ein bisschen durch die Kabine, ehe er sich plötzlich aufs Gaspedal legt, dass das Auto quer durch die Leitplanke fährt und frontal in den Gegenverkehr, bumm! Dann war es still. Ich hörte das Rauschen unten vom Peter Bangs Vej, die Uhr der Lindevangskirche schlug zehn. – Und, was sagst du? – Ist der Hund ein Männchen oder ein Weibchen? – Das weiß ich nicht, sagte er, – dazu schweigt die Geschichte. Aber du kannst ja den Schriftsteller fragen. Er kommt persönlich zur Leseprobe.

Oder genauer: Eigentlich hatte ich immer schon ein leicht undefinierbares Geschlecht. Als ich mitten in der ersten Klasse die Schule wechselte und wir die erste Turnstunde hatten, weigerten sich die Jungen, sich mit mir umzuziehen. Sie hatten Stoppelfrisuren und Hosenträger mit Seepferden oder Autos drauf. Ich hatte Haare bis über die Ohren und spielte mit Trollen. Sie bekamen tiefe Stimmen und schwarze Plateaustiefeletten mit eckigen Spitzen und lila Futter. Ich bekam nichts, auch nicht das geringste bisschen Geschlechtshaar, ich war glatt, zart und schmächtig, ich redete mit klarer, heller Stimme und bekam Tics, wenn ich im Sommerhaus war und drei Wochen lang nicht meinen Beo gesehen hatte. Sie bekamen Mopeds, Yamaha, Kreidler, Puch Flaggschiff, Suzuki, und in den Pausen setzte ich mich zu den Mädchen. In New York kaufte ich eine kurze rote Lederjacke. Wenn ich die Straße entlanggehe, rufen die kleinen Kinder, – Guck mal, Papa, die Dame da! – Sch!, sagt Papa. Als ich mit dem Gymnasium fertig war, sahen die Erwachsenen, die nüchternen jedenfalls, dass ich dabei war, eine Art Mann zu werden. Egal, wohin in der Welt ich kam, Petersburg, Paris, Hannover, Athen, waren vor allem Künstler fest davon überzeugt, ich sei schwul. Warum nicht einfach das Beste draus machen: Als ich später dann per Anhalter nach Süden durch Europa reiste, hatte ich außer Pass und Zahnbürste immer eine Garnitur weiße Sachen, ein Paar schöne weiße und hellbraune Schuhe und eine kurze braungeblümte Torero-Jacke mit Schulterpolstern in meinem kleinen Fjällräven. Wenn ich frühmorgens in einer Großstadt ankam, sagen wir Paris, das kennen wir ja, Rungis, der gigantische Lebensmittelgroßmarkt nah bei Orly, und aus dem Führerhaus des letzten Lastwagens hüpfte, ein Scania Vabis oder, besser noch, ein Volvo Topliner voll vakuumverpackter »La Brioche Douce« mit Schokocremefüllung, zog ich mich rasch in dem dieselstinkenden Schatten zwischen Führerhaus und Anhänger um und nahm die Metro ins Zentrum. Im Lauf des Vormittags fand ich den Weg ins richtige Viertel, Le Marais, und die richtige Straße, Rue Vieille du Temple, und ging in die richtige Bar (oder Café), Hôtel Central. Wenn ich eintrat, drehten sich alle Männer um und sahen mich an. Ich war zart und feingliedrig, in weißer Hose und weißer Rollkragenbluse, weißen und hellbraunen Schuhen à la Manhattan der Zwanzigerjahre und einer kurzen geblümten Torero-Jacke, das Gesicht empfindsam mit zarten Zügen, großen grünen Augen, fast schulterlangem, sonnengebleichtem Haar und die Brille in der rechten Hosentasche versteckt, unschuldig und außerstande, zu sehen, was ich tat. Keine fünf Minuten später hatte man mir einen Stuhl (oder zehn) vorgezogen, – S'il vous plaaait!, vor mir standen ein *salade niçoise* und ein Glas Weißwein, und der etwas ältere Herr, Psychologe oder Schriftsteller, auch er elegant, in Anzug und offenstehendem Hemd, sanfte Hände, lange Finger, gute Manieren, kultiviert, belesen und nicht zuletzt wohlhabend, hatte mich eingeladen, in seiner Wohnung mit Blick auf die Seine oder den Place de la Contrescarpe zu wohnen, für unbestimmte Zeit, – pour le reste de ta vie, si tu veux! Später am Abend nach dem ersten oder, maximal!, zweiten Glas Rhône, Ventoux oder Bourgogne, wenn ich nicht mehr die Augen aufhalten konnte, legte ich mich ganz an den Rand in das Doppelbett, den Rücken fest an die Wand gepresst, schloss die Augen und dachte an ... irgendwas, bloß nicht daran. Doch, genau daran.

Endlich kam er, der große Schriftsteller und Psychologe, der Schöpfer selbst, aus dem deutschen Exil angereist. Es war ein großer Tag, der Beginn eines ganz neuen Lebens. Meines Lebens. Ich war früh aufgestanden, aber was red ich da für einen Mist, ich hab wirklich keine Ahnung, ich kann mich noch nicht mal dran erinnern, was ich anhatte, ob es was frisch gewaschenes Weißes war mit einem schicken Jäckchen dazu, oder höchstwahrscheinlich doch eher bloß was mehr oder weniger Zufälliges und garantiert Schmutziges, die Sachen von gestern, meine Haare, die Frisur, nichts, ich erinnere mich noch nicht mal an mich selbst, nur den Platz, an dem ich saß, den *Blickwinkel*, ganz links an der einen Längsseite mit zwei von den Schauspielern rechts von mir, dem Regisseur, dem zukünftigen Schauspielchef Emmet Feigenberg, am

Kopfende und, auf der anderen Seite, die zwei anderen Schauspieler, und dann, natürlich, ER. Er saß mir genau gegenüber, er sah mich nicht an, nicht ein einziges Mal, ich hätte genauso gut nicht da sein können, aber das *war* ich, ich erinnere mich, das GEFÜHL.

Wie wir überhaupt dahin gekommen waren, weiß ich wirklich nicht, durch die Tür, nehm ich an, dort hinten rechts in der Ecke, oder wer zuerst kam, oder ob er der Letzte war, davon geh ich mal aus, er war schließlich der Gast, der große Schriftsteller, eigens den weiten Weg aus dem Exil in Hamburg angereist, also kommt er natürlich als Letzter, in Begleitung des Regisseurs, der ihn auf die Art präsentiert, mit der man in besseren Kreisen, unter Kunstbeflissenen aus alten Familien mit vornehmen Namen wie von Spreckelsen, Feigenberg oder de Fine Licht, bedeutende Männer vorstellt, einen Geistesmenschen, den jeder im Saal bereits sehr gut kennt, – das ist Peer Hultberg!, und mit einer Geste zu den Schauspielern, die sich vom Tisch erheben, an dem sie die letzten zehn Minuten gesessen und über die neue Fernsehserie geredet haben, in der sie gerade mitspielen, oder irgendwas, was sie gerade in der S-Bahn oder im Auto auf dem Weg hierher ins Radiohaus erlebt haben, was völlig Gleichgültiges, kurzum, jedenfalls kein Wort darüber, worum's eigentlich gehen sollte, das Stück, *Die Zerbrechlichen*, das die meisten allenfalls mal durchgeblättert haben, eine Anekdote halt, wie sie Schauspieler einer nach dem andern unentwegt runterleiern, keiner hört zu, alle sitzen bloß da und warten darauf, dass sich auch nur die winzigste Lücke im Redestrudel auftut, damit sie drankommen und sich *ausdrücken* können, das ist wirklich das Einzige, was sie können, die Schauspieler, nicht ein Gedanke, nicht ein Buch haben sie gelesen, höchstens *Ekstra Bladet* oder ihr eigenes Facebook-Profil, jedenfalls nicht das Manuskript, das haben sie, wenn's hochkommt, überflogen, oder schlimmer noch, auswendig gelernt, aber ohne eigentlich zu verstehen, worum es im Grunde geht, nichts, bloß diese unausstehlich übertriebene, ja, genau, theatralische *Expressivität*, man schaltet das Radio ein, und schon weiß man: Dies ist kein Mensch, das ist ein *Schauspieler*, und falls irgendwer hier zufällig mal ein Interview mit einem Schauspieler gelesen hat, und wer hat das nicht, die Kulturteile der Zeitungen bestehen ja praktisch aus nichts anderem, Seite um Seite, der weiß, wovon ich rede, und es nimmt kein Ende, es sei denn, jemand, der Regisseur, kommt – wie jetzt – rein und bringt sie zum Schweigen: – Jesper Langberg, Ditte Gråbøl, Maria Stenz und Jesper Lohmann, oder wie sie halt hießen, und ich!, sagte der Hund, oder saß er doch schon da, als ich reinkam, an nichts erinnere ich mich, am allerwenigsten an mich selbst, nur an IHN, den großen Schriftsteller Peer Hultberg. So muss es gewesen sein. Ich bin mir auf einmal nicht sicher. Streng genommen kann ich's ja nicht beweisen, aber glaub mir: Ich *bin* Peer Hultberg, dem Verfasser der *Präludien*, begegnet, ich hab sogar die ersten Seiten gelesen, *daran* erinnere ich mich hingegen deutlich, deutlicher als an den Schriftsteller selbst: Es regnet, auf der allerersten Seite, die Tropfen rinnen die Scheibe hinunter, ich folge ihnen gebannt in der brennenden Sonne auf der Terrasse hinter dem Haus am Meer, der nach Osten, es ist also Vormittag, ich liege bäuchlings auf der Matratze, die ich gerade aus dem unteren Stockbett in meinem Zimmer gezogen habe, sie ist blau und der Kunststoffbezug schon sengend heiß, drum hab ich das ausgeblichene orange Badehandtuch drübergebreitet, das von den fünf mit der etwas dunkler orangefarbenen Naht, das ist meins, in weißen, über die Pobacken hochgezogenen Nylon-Fußballshorts, eine Art selbstgemachter G-String, damit ich nach den Sommerferien nicht mit diesen lächerlich kreideweißen Pobacken in die Schule muss, Unsinn, ich geh nicht in die Schule, es ist Jahre später, das Buch liegt aufgeschlagen in dem schräg langgezogenen Schatten meines Kopfs auf den druckimprägnierten blassgrünen Terrassendielen, abgegriffen, durchgeblättert und früher oder später aus der Bibliothek des Dänischen Rundfunks in der

Rosenørns Allé gestohlen, da steht immer noch mit Goldbuchstaben in die Papiermasse gestempelt EIGENTUM VON DANMARKS RADIO ganz oben auf der Vorderseite, die mir allerdings nur unklar vor Augen steht, es regnet, die Tropfen rinnen die Scheibe hinunter, und »ich« folge ihnen, das »Ich« des Buchs, des Autors, oder vielmehr des Komponisten Chopin, und in dem Moment jetzt auch meins, ich lebe mich in ihn *hinein*, seine große Empfindsamkeit, die Sinneseindrücke, das Jetzt, den Tropfen, der die Scheibe hinabrinnt, mit einem anderen zusammenstößt, sie fließen zusammen und rinnen als größerer, schwererer Tropfen weiter, schneller, schneller, und dann plötzlich ein dritter, sie verharren, hängen eng beieinander, wie zwei Häute, Lippen, Geschlecht an Geschlecht, aneinandergesaugt, dann birst der eine, sie vereinen sich und rinnen weiter die Seite hinunter, treffen einen vierten, fließen ansatzlos ineinander, der Tropfen bleibt einen Augenblick hängen, verharrt gleichsam atemlos in seinem eigenen Fall, bebend, er ist bloß ein Junge, vielleicht drei, vier Jahre, Frédéric, der kleine Chopin, den ich immer gehasst habe, so unausstehlich schmeichlerisch putzsüchtig scharwenzelnd, wie nur ein gepudertes Schoßhündchen im 19. Jahrhundert es sein kann, bis ich ihn jetzt plötzlich liebe, wirklich liebe, wie ich kaum einen Schriftsteller liebe, und schon gar keinen der dänischen Autoren, höchstens vielleicht H. C. Andersen, aber ihm bin ich noch gar nicht begegnet, er hat hier also nichts verloren. Und dann, plötzlich, rutscht er, stürzt, tanzend, schneller, schneller die Scheibe hinunter dem Fuß der Seite entgegen. Und wesentlich weiter bin ich wohl nicht gekommen.

Ich sehe ihn an. Jetzt, jetzt hab ich die Chance. Das ist das einzige Mal in meinem immer kürzeren Leben, dass ich dem großen Schriftsteller Peer Hultberg von Angesicht zu Angesicht gegenübersitze, dem Nobelpreisträger, na, das entspricht so nicht ganz der Wahrheit, dem Träger des Literaturpreises des Nordischen Rates, aber das klingt einfach dermaßen unbeholfen, wer will schon »Träger des Literaturpreises des Nordischen Rates« des Jahres neunzehnhundert und wuff wuff sein!, sagt der Hund. Er sieht mich nicht an, er bemerkt mich gar nicht, aber er *sagt* mir auch nichts, sonderbar anonym ist er, wie ein Ministerialbeamter im Ruhestand, in seinem tadellosen Anzug, nicht billig, aber so diskret, dass er davon Abstand nimmt, eine bestimmte Farbe zu haben, die eventuell als Ausdruck von irgendetwas gedeutet werden könnte. Er lauschte dem deliranten Geplapper der Schauspieler, höflich, aber ohne auch nur einen Hauch von Engagement, geschweige denn Leidenschaft, er saß beherrscht wie ein antikes Stilmöbel, den Unterarm sanft auf den Tisch gestützt, aber ohne Stift in der Hand, mit dem er etwas hätte notieren können, er rührte sich kaum, und als er endlich etwas sagte und die Schauspieler plötzlich, endlich und fast erschrocken wie kleine Wellensittiche einen Augenblick die Klappe hielten und ausnahmsweise mal *zuhörten*, tat er es mit einer Stimme wie aus einer Radiosendung von Neunzehnhundertundsechzig, als wäre er nicht aus Deutschland angereist, sondern aus einer Vitrine im Nationalmuseum oder dem National*archiv* genommen worden, etwas derart Ausgestorbenes wie ein Bildungsmensch, eine Bildungs*stimme* aus der Zeit, als selbst die Alkoholiker in den Radioreportagen über die Kneipen von Vesterbro ein besseres, schöneres und formvollendeteres Dänisch sprachen als irgendeiner der vier hier um den Tisch versammelten Schauspieler es je getan hatte, und mit den apartesten, schönen und jetzt beinah vergessenen, ausgestorbenen Wörtern, »Veloziped«, sagte er, nein, das sagte er nicht, das war einer unser anderen großen Autoren, Anders Bodelsen, und dem bin ich nie begegnet, nur *gehört* hab ich ihn als eine mindestens ebenso staubtrockene Stimme im Radio, also zählt er hier nicht.

In meinem verzweifelten Versuch, dem Leben etwas abzuringen, wenn schon keine Aufmerksamkeit, keinen eindeutigen Blick oder auch nur den Hauch einer Hinwendung, die mich präsent machen könnte, so doch wenigstens einen *Eindruck*, irgendwas, das mir erlauben würde, später sagen zu können, – ich bin einmal tatsächlich Peer Hultberg begegnet, dem großen Schriftsteller Peer Hultberg!, versuchte ich, ihn mir vorzustellen, Peer Hultberg, wie er in Wirklichkeit war. Nicht hier in Dänemark (du lieber Himmel), im richtigen Kontext, südlich der Grenze, unten auf dem eigentlichen Kontinent, wo er hingehörte, in der großen, europäischen Tradition, im Arbeitszimmer seiner weißen Villa oder Herrschaftswohnung in Hamburg mit Blick auf die Alster, oder die *Binnen*alster, in die Arbeit vertieft, nicht als Schriftsteller, das interessierte mich auf einmal nicht, sondern als Psychologe, das war noch schwerer vorstellbar, oder Psycho*analytiker* war er wohl eher, jungianischer Psycho*analytiker*, in einer Analysesituation, oder Konsultation in dem Eckzimmer mit hoher Decke, das keine Dachkammer war, kein romantischer Dichtermythos, im Gegenteil, streng, geschmackvoll und vor allem kein Stuck, schmucklos, alles ist sehr kontrolliert, keine verstreuten Papiere, keine Spur zügelloser Inspiration, kein Rimbaud, sondern ein Thomas Mann, die Inkarnation europäischer Bildungskultur mit der Bürde der gesamten Moderne auf den Schultern, umgeben von streng stilreinen Möbeln und echten Gemälden an den Wänden, nicht irgendein Kitsch, und keine gerahmten Karikaturen von Freud mit einer Katze auf der Couch, oder schlimmer, einem Hund, im Gegenteil etwas Hartes, erbarmungslos Ausgewrungenes, blutig und eiskalt, ein Schlachthaus, Bacon, de Chirico, aber kein Bacon und de Chirico, die konnte er sich, trotz allem, dann doch nicht leisten, etwas Deutsches also, kalt, grau, abgebrannte Nachkriegsfelder, kopfüber aufgehängte Menschen, und er selbst beherrscht dasitzend, diskret und unheimlich präzise registrierend, just außerhalb des Blickfelds des Analysanden oder Subjekts, des kleinen Menschleins, das da schräg vor ihm auf der Couch liegt und erzählt, drauflosplappert wie ein kleiner Wellensittich, sein ganzes hoffnungslos modernes, triviales, erbärmliches und (letzten Endes) zerbrechliches Leben runterleiert, im Glauben, irgendwer, der Psychoanalytiker, Peer Hultberg, interessiere sich überhaupt für es, sein kleines Leben, piep piep, wuff wuff, guck mal!

Er war auch Dozent in Polen gewesen, fiel mir plötzlich ein, vor langer Zeit, irgendwann in den Neunzehnhundertsechzigerjahren. *Das* konnte ich mir überhaupt nicht vorstellen. Ich versuchte es nicht mal. Aber ganz undenkbar ist es darum ja nicht, auch in Polen haben sie wohl Schwule, und Psychologen, sogar damals (unter Stalin, oder dem, was noch ... schlimmer war es wohl nicht, Chruschtschow oder

Breschnew), keine Psycho*analytiker* vielleicht, keine Freudianer, oder *Jung*ianer war er ja, aber wenigstens *kritische* Psychologen, und Schriftsteller, *die* gab es, damals wie heute, Gombrowicz, zum Beispiel, aber das ist was ganz anderes, viel selbstherrlicher, ruhmsüchtiger, als ich mir Hultberg vorstelle, unsren großen, internationalen Autor Peer Hultberg, das besondere Hultberg'sche, wie ich es mir vorstelle, ist ja nicht selbstherrlich, im Gegenteil, völlig nüchtern, registrierend, bisweilen geradezu böse, entblößend, und ohne das geringste Mitgefühl für die Figuren (keine christliche Nächstenliebe hier), das gefiel mir, all diese erbärmlichen, unausstehlichen, hoffnungslosen Personen, Leser, Schauspieler, überhaupt Menschen, die Welt und die Literatur und das Theater sind voll hoffnungsloser, erbärmlicher und vor allem lächerlicher Menschen, oh, diese Menschen mit ihren Neurosen und Traumata, und als wär's nicht schon genug, muss Gott und die Welt jetzt auch, und am besten noch vor der Einschulung, eine *Diagnose* haben, etwas ganz Besonderes, will heißen, etwas, was alle anderen auch haben, ein paar Großbuchstaben in einer Reihe, etwas, um das sie sich scharen können, in Paaren, oder kleinen Gruppen, wie die vier Schauspieler hier, eine kleine, schützende Gemeinschaft, der Schauspieler*verband*. Er betrachtete sie, lauschte, aufmerksam, aber ohne jegliche Leidenschaft oder

Verachtung, keine spontane Regung, keine plötzlichen Gefühlsausbrüche oder Gesten, im Gegensatz zu ihnen, den vier Schauspielern, sie *ruckelten* auf ihren Stühlen herum, *und dann* stieß einer plötzlich ein schallendes Lachen aus, *und dann* langte ein anderer nach der Thermoskanne, mitten in der Replik eines dritten, *schraubte* los und *schüttete* Kaffee in den eh schon kaffee*fleckigen* und kaffee*geränderten* Plastikbecher, Milch brauchen wir!, aus dem kleinen blauweißen Karton, den die Regieassistentin ihnen vor der Leseprobe hingestellt hat, als wäre sie ihre Mutter, *und dann* ein Tütchen Zucker, schüttel, schüttel!, ritsch! und tsssss!, *und dann* der Kaffeelöffel, *rumrühr*, misch misch, schlürf schlürf!, *und dann* rasch eine Anekdote, warum nicht, um auch noch dem geringsten Ansatz von Kunst den Garaus zu machen. Sie können *ihm* unmöglich etwas gesagt und schon gar nicht Platz in einem seiner Bücher gefunden haben, geschweige denn in diesem Stück, *das* verlangte eine ganz andere Art eindringlicher Erbärmlichkeit, eine Zerbrechlichkeit, Verletzlichkeit, die vier Schauspieler hier waren ja nicht einmal erbärmlich, nur lächerlich, bekannt, sicher, im Augenblick, ja ja, heute und morgen und vielleicht die nächsten fünf, zehn Jahre, aber dann war's vorbei, kein Mensch erinnert sich heute mehr an sie, nicht mal ich, der einen ganzen Vormittag zusammen mit ihnen im Studio 4 oder

5 von Danmarks Radio gesessen hat, vielleicht war's sogar eine ganze Woche, zu ihren Füßen gelegen wie ein Hund und ihrem nicht lebendigen, sondern bloß leb*haften* Geplapper gelauscht, nicht mal ich kann mich erinnern, wer zum Teufel sie eigentlich waren, Schauspieler, sicher doch, aber ihre Namen, Gesichter, futsch, weg sind sie. Im Gegensatz zu ihm. Peer Hultberg. Er sah mich nicht an. Vielleicht hatte er mich gar nicht bemerkt. Vielleicht wusste er nicht mal, dass ich existierte, oder schlimmer noch: Vielleicht hatte er mich sehr wohl bemerkt (merk merk), in dem Augenblick, als ich zur Tür reinkam, hatte er mich durchschaut: Der da (oder die, oder das), Herr im Himmel, dem wollen sie doch nicht *im Ernst* eine Rolle in meinem Hörspiel geben, der hat doch gar keine Ausstrahlung, nichts! Wer weiß, vielleicht mochte er bloß keine Tiere.

SO NAH, DASS ES SCHMERZT

Ich weiß nicht, ob ich dem Cowboy der dänischen Literatur, Hans Otto Jørgensen, jemals wirklich begegnet bin. Aber ich war nah dran. So nah, dass es schmerzt.

Eines Tages klingelt es bei mir an der Tür, ich mache auf, und vor mir steht ein Bote mit einem großen Strauß Rosen von Hans Otto Jørgensen.

Eines Abends, als ich mehr oder weniger gerade erst aufgestanden und eine Runde in die Stadt bin, kommt Hans Otto Jørgensen in die Wohnung und legt sich ins Bett.

Eines schönen Tages gehe ich im Kopenhagener Hauptbahnhof durch die Bahnhofshalle, und just als ich unter der Uhr bin, kommt der Cowboy durch die Glastür des Reisezentrums. Er hat mich noch nicht gesehen, aber das wird er, ich schwör's, jetzt!, bleibt er stehen, macht auf dem Absatz kehrt und geht wieder durch die Glastür und den ganzen Weg durchs Reisezentrum und am anderen Ende wieder hinaus. Das verstehe ich nicht. Also erzähle ich die ganze Geschichte meiner Ex-Frau, die jetzt seine ist. Das wird schon seinen Grund haben, sagt sie. Und was macht sie? Sie fragt einfach Hans Otto Jørgensen. Ein paar Tage später begegne ich ihr mehr oder weniger zufällig, und jetzt erzählt sie, dass die Erklärung ganz einfach ist: Hans Otto Jørgensen hat mich schlicht nicht gesehen. Hat er wohl!, sage ich, und dann hat er sich umgedreht und ist zurück ins Reisezentrum und ganz durch und hinten wieder raus! Die Wege des Menschen sind unergründlich.

Eines schönen Tages muss ich nach Aarhus, was ich da soll, weiß ich wirklich nicht, meine Frau und meine kleine Tochter sind ja zu Hause in der Wohnung in Kopenhagen, ich bin ganz allein, und ich hab dort noch nicht mal einen Platz zum Schlafen. Aber dann stellt sich doch tatsächlich raus, just an dem Tag und in der Nacht, als ich in Aarhus bin, ist Hans Otto Jørgensen in Kopenhagen. Und nicht nur das: Ich kann einfach so, gratis, seine Wohnung haben. Wenn das nicht ein Angebot ist, das man nicht ablehnen kann! Die Wohnung liegt in einem zweistöckigen Haus an der Ecke Morten Børups Gade und Frederiks Allé über einer richtigen Bodega, beinahe ein richtiger Saloon, mit Blick auf die Gleise. Ich komme spätabends an, und von draußen aus dem Dunkeln sehe ich durch die Fenster in die verrauchte Bodega, zwei Stammgäste beugen sich in dem warmen Licht über den Billardtisch und spielen eine Partie Karambolage, drei andere sitzen in ihren Cowboystiefeln an der Bar, wo der Barkeeper, weißes Hemd und Weste, gerade mit einem Lappen den Tresen abwischt, einen Pappdeckel hinklatscht und ein schäumendes Fassbier draufstellt. Ich schleiche die Treppe hoch und halte inne, werfe wie immer einen Blick auf das Türschild. Es ist handgemacht, Papas Name und ringsum all die Kinder, jedes hat seine klare Farbe, Rot, Grün, Gelb, Blau, und jedes seinen besonderen alten dänischen Vornamen und je seinen Nachnamen, und dann – ganz schlicht – das, was diese kleine Welt zusammenhält: »Jørgensen«. Ich stecke den Schlüssel in die Tür und schließe auf. Es fühlt sich an wie nach Hause kommen. Ich schalte nicht gleich das Licht ein, sondern stehe ein paar Minuten am Fenster und sehe hinaus auf die Brücke, wo hin und wieder die Autos mit schläfrigen roten Rücklichtern davongleiten und im Viertel Frederiksbjerg verschwinden, und darunter, im Nebel, das Bahngleis, auf dem gerade der Zug aus Kopenhagen oder Herning/Struer einrollt. Im Schein der sanft schaukelnden Straßenlampe sehe ich die Fensterbretter, die kleinen Tische und Regale, auf denen sich überall Bücher stapeln, schau!, da liegt doch tatsächlich ein ganzer Stoß von *Lulus sange og taler* einer blutjungen Dichterin, die ihn bestimmt bewundert, und schimmert schwach gelb und rot. Ich ziehe die Jacke aus und dann die Schuhe, bücke mich und entdecke die versammelte Reihe von Hans Otto Jørgensens Cowboystiefeln und schwarzen Schuhen. Die und ihr knallendes Geräusch kenn ich ja, als gehörten sie meinem Vater, aus der Literatur. Es ist kein Geheimnis: Der Cowboy trägt immer Stiefel und Schuhe mit harten Absätzen, die knallen, dass es in der Literatur nur so widerhallt, nicht nur in seinen eigenen Büchern, auch in den Büchern anderer dänischer Schriftsteller hört man ihr Echo. Wie gesagt, ich fühl mich wirklich zu Hause. Immer noch nur im Schein der Straßenlampe, der Bahn und dahinter der Stadt gehe ich still die Fenster entlang ins Wohnzimmer, es öffnet sich in einem Winkel mit Blick runter auf die Frederiks Allé. Von unten aus dem Saloon höre ich gedämpfte Musik, Stimmen und Gläserklirren, aber ihn stört das nicht, er ist gern mittendrin, in der Stadt unter Leuten, im Wohnzimmer umringt von spielenden, weinenden, lachenden Kindern, da schreibt er am besten. Der lange Esstisch verdient seinen eigenen kleinen Bergman-Film, und links daneben die Küche, kein separater Raum, bloß eine längliche Nische, das Leben ist ein großer Zusammenhang, wenn die Spaghetti kochen, schöpft man sie bloß auf die Teller, dreht sich um, und schon ist serviert! Ich steh ein Weilchen und betrachte die aufgereihten Gewürze auf dem verstaubten Regalbrett über dem Dunstabzug. Mach ich den Kühlschrank auf? Was weiß ich, die Tage sind lang und haben so eine Art, sich zu ähneln. Das Leben als Schriftsteller ist ein Leben wie alle anderen, am Ende ist man müde und manchmal hungrig, manchmal nicht, und wenn das Haus endlich zur Ruhe kommt, geht man ins Bett. Kann sein, dass ich kurz den Kühlschrank aufmache und die Schale Oliven rausnehme, die immer im obersten Fach steht, am liebsten die trockenen, salzigen, scharfen schwarzen aus Griechenland oder die kleinen, gewürzten, in Öl eingelegt glänzenden aus Spanien. Ich lehne mit der Schale in der Hand am Küchentisch, esse ein paar und schaue hinaus in das schläfrige Licht der nächtlichen Stadt. Dann stelle ich die Schale zurück in den Kühlschrank und geh ins Bett. Ich schlafe im Zimmer ganz hinten zum Hof. Aarhus ist keine große Stadt, aber wenn man so mittendrin wohnt und dann noch am Gleis und mit den ganzen Kindern, die kommen und gehen, von und zu ihren Schulen und Freunden und Freundinnen und Vereinen und ihren jeweiligen Müttern, dann ist es schön, allem den Rücken zu kehren und wenigstens ein Mal am Tag seine Ruhe zu haben. Das Zimmer ist klein, das Bett steht so weit weg von der Tür, wie's geht, mit dem Fußende zum Fenster, sodass man mit dem

Kopf am anderen Ende liegen und in die Nacht sehen kann. Ich ziehe meine Sachen aus und lege sie wie gewöhnlich einfach bloß über einen Stuhl, die Unterhose lasse ich an. Ich habe kein Licht gemacht, das brauch ich nicht, am Ende sind die Dinge doch einfach, die Bewegungen finden von alleine den Weg. Das Bett ist nicht gemacht, die Decke liegt zusammengeknäult an der Wand, das Kissen zerknautscht und plötzlich verlassen, roh, einfach und ehrlich, dies ist ein Mensch, hier ist mein Leben, es gibt nichts zu verbergen. Ich lege mich genau so rein, wie es ist, kein Grund, etwas glatt zu streichen oder abzuschütteln, von sich oder von den Dingen, im Dunkeln ähnelt der eine Mensch dem anderen, du brauchst dich nicht abheben, der Schlaf findet im Lauf der Nacht schon heim zu seinem eigenen kleinen Unterschied. Ich ziehe die Decke hoch bis unter die Nase, schlinge die Arme ums Kissen und mache die Augen zu. Die Bettwäsche riecht nach Schlaf, nach verschwitzten Haaren, Atem, säuerlich nach Rauch, Spucke aus dem Mundwinkel, nach Mensch. Aber nicht nur nach Mensch, denke ich, nach Mann, die Gerüche sind kräftig, herb, sehnig wie ein Händedruck aus alten Tagen, der Händedruck eines Mannes, der unser großer Nobelpreisautor Johannes V. Jensen gerne gewesen wäre, aber (im Gegensatz zu dem Cowboy) nie wirklich war, die Mythe des Alltags, ein Ausdruck der Landschaft, der Erde und der Dinge, die wachsen, der Mann auf dem Traktor, der Mann im Truck mit Clogs und Thermoskanne, der Mann, der vorm Haus auf der Treppe sitzt, wenn die Tiere gefüttert sind und die Sonne schon längst untergegangen ist, und über den Hof schaut und eine Kippe raucht. Ich bin jetzt müde, ruhig, ich fühle mich hier genauso zu Hause wie am geborgensten Ort der Kindheit, im Zimmer hinter der Waschküche bei Oma und Opa, auf dem Autorücksitz unterwegs nach Hause durch eine neblige Nacht. Morgen, wenn ich aufwache, stehe ich auf und verlasse das Bett genau, wie ich war.

Aber eines schönen Tages komme ich zu Besuch in eine Parterrewohnung in Østerbro. Ein zartes, schmales Mädchen mit langen braunen Haaren und braunen Augen lässt mich in den Flur. Sie ähnelt ihrem Vater, denke ich. Ich ziehe Jacke und Stiefel aus, hinter dem Mädchen bittet die Mutter mich, das Licht im Flur auszumachen, bevor ich ganz reinkomme. Das mach ich doch gerne. Dann drehe ich mich um und gehe auf Strümpfen ins Wohnzimmer. An der Wand gegenüber der Tür steht ein altes Sofa mit hellgrünem Bezug, davor ein niedriger Couchtisch und eine Schale Obst. Über dem Sofa hängt ein einzelnes Bild von einem Hund in kräftigen Farben. Die Tür zum anderen Zimmer ist geschlossen. Vor der Tür stehen die abgetragenen, staubigen Boots, oder vielleicht sind es nur klassische Männerschuhe mit harten Sohlen. Er liegt da drin!, flüstert die Mutter. Ich nicke. Ich folge ihnen durch einen langen, schmalen Gang in die Küche, und die Mutter setzt Teewasser auf. Und ehe ich mich versehe, hat sie eingeschenkt, und schon ist der Tee serviert. Wir sitzen im stillen Schein der Lampe am Tisch, er ist klein, gerade Platz für drei, das Mädchen und die Mutter und am Tischende ich. Wir lachen, und das Mädchen isst Tomaten. Danke für den Tee, sage ich und stelle selbst die Tasse in die Spüle. Das Mädchen begleitet mich raus, durch den schmalen Gang und das Wohnzimmer mit dem Couchtisch und dem alten grünen Sofa. Die Tür zum anderen Zimmer ist geschlossen. Ich höre das gedämpfte Geräusch eines Fernsehers, die unruhig wogenden Stimmen der Menge, Fußball!, denke ich, und bin einen Augenblick versucht, zu klopfen und zu fragen, ob ich reinkommen und mitgucken darf. Im Flur mache ich Licht, ziehe Stiefel und Jacke an, dann drehe ich mich zu dem Mädchen um. Sie streckt sich auf Zehenspitzen, und ich lege die Arme um sie und hebe sie hoch und lass sie ein wenig baumeln. Dann setze ich sie ab und mache die Tür auf, gehe die drei Schritte runter zur Haustür, drehe mich um und winke ein letztes Mal.

Eines schönen Tages finde ich, ganz unten in einem wassergeschädigten Umzugskarton im Keller unter dem Haus, in dem ich wohne, ein Buch von Hans Otto Jørgensen. Es hat eine Widmung. Für mich.

WIR ENGEL SIND NICHT IMMER LIEB

Was mich letzten Endes dran hinderte, Schriftsteller zu werden, waren die Empfänge. Ich hab's sogar fertiggebracht, zu ein paar eingeladen zu werden, das kann schließlich jedem passieren. Aber als ich endlich meinen Mut zusammennahm und mal hinging und mich zur Feier des Tages sogar ein bisschen als Schriftsteller ausstaffiert hatte, war es genau so schrecklich, wie ich es mir vorgestellt hatte, nur schlimmer. Das Ganze ging mitten in der Stadt in einem Hinterhof vor sich, und hätte man auch nur die allerwinzigste Bombe im Turban gehabt, hätte man mit *einem* Knall das Kulturleben des ganzen Landes auslöschen können, zumindest den Teil, der sich die mehr oder weniger großen Autoren unseres Landes nennt. Das war das Positive dabei, davon konnte man schon wieder richtig gute Laune bekommen. Das Schreckliche war, dass, obwohl ich ein Niemand war und eigentlich nie ein Jemand gewesen bin, immer wieder mal jemand zu mir kam und ein Gespräch mit mir anfing, nicht nur die mehr oder weniger großen Autoren unseres Landes, sondern auch einige aus ihrem Umfeld, will heißen, ihre Freunde und die, die ihre Buchcover entwerfen und ihre Pressemitteilungen verfassen und ihre Rezensionen schreiben und sie fotografieren (nicht die, die ihre Bücher lesen, die waren als Einzige nicht da, die waren wohl nicht eingeladen). Und sobald sie den Mund aufmachten und mir für einen Moment in die Augen sahen, ließ ich mich täuschen, stand da mitten in der Menge von Hunderten und Aberhunderten großen Autoren und ihrer Lektoren und Kritiker, alle natürlich mit einem Glas was auch immer, von dem ich als Einziger – außer Peter Høeg, dem verschollenen Weltbestsellerautor natürlich, der war ja auch nicht da – nichts abbekommen hatte, und redete mit einem anderen Menschen, der mich von Zeit zu Zeit sogar ansah, und einen Moment lang vergaß ich, wie schrecklich das Ganze war und ist, die Sonne schien, es war Sommer, bis auf eine leichte Brise, die hier drinnen in dem schön restaurierten, alten kopfsteingepflasterten Hinterhof die Sonnenschirme träge mit ihren großen Flügeln schlagen ließ, und unter ihnen im Schatten gab's kleine Häppchen und Bier vom Fass und mehr als genug für alle (die eingeladen waren), ich war den Tränen nahe, ich dachte, Herrgott, hier, wo ich's am allerwenigsten erwartet habe, bin ich nahe dran, einen Freund zu finden, einen echten Freund, was mir hier gegenübersteht, ist ja nicht nur ein Schriftsteller, sondern ein Mensch! Ich sah die Falten an der Hand, die das Weinglas hielt, den Speichelfaden, der sich plötzlich, mitten im Wort, »mich« oder »ich« oder »mein« wahrscheinlich, zwischen Zunge und Vorderzahn spannte, den Anflug von Wehmut oder Verletzlichkeit oder Verachtung für das alles in den Augen, wenn wir beide plötzlich ein, zwei Sekunden still waren, und ich dachte, ich wäre wirklich jemand begegnet, das hier wäre etwas, das dauern würde, nicht bloß ein, zwei Minuten, sondern den Rest des Lebens. – Johannes!, rief der Betreffende plötzlich und ging einfach an mir vorbei zur Bar. Oder noch schlimmer, mitten im Satz, einem von meinen, wenn ich plötzlich mit einem zutiefst persönlichen Geständnis herausplatzte, bekam der Betreffende einen fernen Blick, nickte ein einziges Mal, drehte mir den Rücken zu und fing ein Gespräch mit jemand anderem an. Ich sehnte mich auf einmal nach meiner Großmutter, und nach Inger, all jenen, die gestorben sind, ich hatte nicht die geringste Lust mehr, den kleinen Knopf an meinem Gürtel zu drücken und den ganzen Mist in die Luft zu jagen, ich wünschte nur noch, jemand würde kommen und mich hochheben und raustragen und im Auto auf den Rücksitz legen und mich heim in mein Gitterbett fahren. Ich hätte natürlich einfach gehen sollen, dann wär ich vielleicht noch Schriftsteller. Aber ich tat es nicht. Ich blieb stehen, über eine Stunde lang, bis spät in den

Abend. Und jetzt ist es vollkommen dunkel, nur das Licht aus dem großen weißen, enorm geschmackvoll erleuchteten Saal, die letzten Reste des Buffets sind schon längst abgeräumt und die großen Autoren unseres Landes hocken an, hängen über und, warum nicht, stehen auf den Tischen und beugen sich übereinander und rufen oder flüstern oder lallen bloß mit rotweingeränderten Augen und schlaffen Lippen und dem wahrscheinlich achten Glas Wein, das ihnen über den Handrücken schwappt und das Kleid der Person runterkleckert, die sie zufällig gerade anatmen. Hier draußen atmet bloß eine gewisse Ruhe, mindestens zwanzig Minuten ist es her, dass mich jemand angesprochen hat, man kann's beinahe aushalten jetzt, sogar die Sonnenschirme sind eingeklappt, nur hier und da die Glut einer Zigarette in betrunkener Bewegung, ein Lachen, jemand stolpert über ein Kabel und fällt rücklings in die Bierzapfanlage. Drüben bei den drei Stufen zum Saal steht ein großer, älterer Mann mit dem Rücken zum Licht, er sieht aus wie ein Dozent, etwas mager, schlaksig, in Anzug und Hemd, aber keine Krawatte natürlich. Er redet mit Pia Tafdrup, die kennen wir ja, *Die innerste Zone*, doch plötzlich strömen die großen Autoren mitsamt ihren Lektoren und Rezensenten aus dem Saal, jetzt ist es vorbei mit der Ruhe, wildes Gedrängel im Dunkeln, aber drüben neben der Treppe legt Pia Tafdrup dem

Dozenten ihre sensible Hand auf den Unterarm, den, der das Rotweinglas hält, dann kehrt sie ihm den Rücken und verschwindet im Dunkeln. Einen Moment hat er vollkommen Ruhe, sogar vor sich selbst, wie es scheint, er steht bloß als Schatten seiner Silhouette im Licht des Saals, den Ellbogen in die Linke gestützt und das Weinglas (wie ein Grabstein) in der Rechten. Gedankenlos lässt er den Blick über die Gesichter im Dunkeln gleiten und hält bei meinem inne. Und im nächsten Augenblick geschieht das Schreckliche.

Natürlich hatte ich Henrik Nordbrandts Gedichte gelesen, nicht nur in meiner Dienstmädchenkammer über das große Buch mit dänischen Gedichten der letzten Jahrhunderte gebeugt, nein, ehrlich gesagt war *Die Geschichte unserer Zeit* nicht der einzige Gedichtband, den ich in der kombinierten Schul- und Volksbibliothek aus dem »Lyrik«-Regal nahm und auf der Schotterstraße zum Haus am Meer trug. Ich ließ auch einen Gedichtband von Henrik Nordbrandt mitgehen. Und nicht nur das. Ich las ihn auch, von vorn bis hinten. Es war ein unglaublich schönes Buch, auf schweres, leicht gelbliches Papier gedruckt, das die Bibliothekarin erst hatte aufschneiden müssen, und mit einem Einband aus farbigem Karton, ein tief glühendes Lila, und »Lithographien« oder »Holzschnitten« eines dänischen Künstlers, wahrscheinlich einer der Freunde aus dem griechischen oder türkischen Exil. Kaum war ich wieder in Kopenhagen, ging ich in die kleine Buchdruckerei, die im Kellergeschoss zur Straße auch einen Verkauf hatte, und kaufte ein anderes Buch, von einem anderen Schriftsteller, aber mit genau dem Einband aus demselben starken Karton, schwarz diesmal, man konnte die Schwärze noch riechen. Henrik Nordbrandt hatte viele andere Gedichtbände geschrieben, aber bestimmt auch ein »Pamphlet« und ein Kinderbuch. Soweit ich's verstanden hatte, gab es für ihn nichts Schöneres, als an einem Ort zu sein, den er hasste, und dann darüber zu schreiben, wie schrecklich es war, alles, nicht nur der Ort, auch die Menschen an dem Ort und das abscheuliche Licht, das auf ihn fiel, und die Frauen, die er zum Glück verlassen hatte und die in besonders glücklichen Fällen sogar plötzlich gestorben waren, sogar er selbst, er war fast noch das Schlimmste (das war er). Irgendwann ging er sogar so weit, dass er aus der Türkei, in der er es einfach nicht aushalten konnte (weshalb er etliche Jahre dort gelebt hatte) nach Dänemark zog, das er *immer*, schon lange vor seiner Geburt, gehasst hatte. Er ließ sich mitten in Kopenhagen nieder, wo man am schwierigsten schnell wieder wegkommt, und bekam ein Kind, etwas, was ihm sonst nie im Leben in ein Gedicht gekommen wäre. Jedenfalls nicht, dass ich wüsste. Und es würde mich nicht wundern, wenn er auch, wenigstens ein einziges Mal, einen kleinen Tagesausflug mit irgendjemandes Auto oder (noch schlimmer) mit der Küstenbahn nach Nord-Seeland gemacht hätte, sogar bei bestmöglichem Wetter, Sonnenschein und Sommer, wenn das Licht am allerschrecklichsten ist, nur um sich so miserabel wie menschenmöglich zu fühlen und von einer Inspiration umgehauen zu werden wie von akuter Hirnblutung oder schlicht einem plötzlichen Herztod. Alles in allem kam er mir wie ein unglaublich feiner, sympathischer Mensch vor. Ich war ihm nie begegnet und hatte auch nicht schrecklich viele von seinen Gedichten gelesen, und doch dachte ich immer mit einem kleinen Lächeln an ihn, einer Wärme auf meiner Haut, als ob es ein Leben gäbe. Und wär's nicht so gewesen, dass ich just an diesem lauen, klaren Abend unter dem freien, nunmehr sacht sternfunkelnden Himmel im von betrunken schwankenden und laut lallenden Schriftstellern wimmelnden Hinterhof eine größere Verachtung für alles, das Kulturleben, die Literatur, den Rotwein, die Sonnenschirme, die Bierzapfanlage, die »großen Autoren unseres Landes« und nicht zuletzt ihn empfunden hätte, als je zuvor in meinem Leben, hätte ich mir gewünscht, er hätte mich im Dunkeln bemerkt und wäre still und leise auf mich zugekommen. Und das tat er. Jetzt.

Er geht langsam und lustlos mit dem Glas Wein in der Hand durch die Dunkelheit. Er bleibt vor mir stehen und schwankt ein wenig. – Na, sagt er dann. Ich sage nichts. Ich habe nichts zu sagen. Er hat mich noch gar nicht angeschaut, nicht, dass er wegschaut, nur so leicht über meine Schulter, zu denen, die hinter mir stehen. Sein Gesicht ist länglich, mager, wie ein großes, melancholisches Tier und in ihm ein Ausdruck stiller, bewegender Abscheu. – Ich hab mich hinreißen lassen, was vorzulesen, verdammt, hier in der Nähe, sagt er, – jetzt bald. Ich sage immer noch nichts. Was soll ich auch sagen. – Ich hasse es, Gedichte vorzulesen, sagt er und macht eine längere (wohlverdiente) Pause, – es gibt nichts, was ich schlimmer finde. Er seufzt. Er könnte ja einen Schluck von seinem Wein nehmen, aber auch das tut er nicht, er sieht nur an mir vorbei ins Dunkel. Und dann, langsam, wie ein alter rostiger Kran oder vielmehr eine Giraffe, dreht er den Kopf und sieht mich an. – Du, sagt er (ohne die geringste Hoffnung), – könntest du nicht mitkommen und für mich das Gedicht lesen? – Jo, sage ich. Warum nicht, denke ich. Alles, bloß das nicht. – Hmm, sagt er und nickt langsam und dreht den Kopf zurück, wo er herkam, und sieht ins Dunkel, ohne die geringste Spur von Erleichterung oder Dankbarkeit oder Hoffnung. So stehen wir ein bisschen da, ohne etwas zu sagen, zwei magere Schatten im Dunkeln, der eine leicht schwankend. Ich hab gesagt, was ich zu sagen hatte, ich schaue ihn einfach nur an. – Das wär dann wohl jetzt, sagt er. – Na, sage ich, dann gehn wir besser mal los. Er dreht langsam den Kopf und sieht mich lange an. – Njaaa, sagt er. – Nee, sage ich. Und dann gehen wir. Durch das Tor hinaus auf die schmale Straße. Er bleibt stehen, im Licht der Straßenlaterne über uns sehe ich, dass sein Anzug fast zigarrenbraun ist, trist und schön. Er schaut auf sein Glas, es ist leer. – Na, sagt er, – jetzt hab ich das hier doch mitgenommen – Gut, sage ich. Wir gehen die Straße entlang, er mit dem Glas in der Hand, ich mit den Händen in der Tasche, es gibt keinen Verkehr. Wir überqueren eine kleine Seitengasse und gehen weiter eine schmale Einbahnstraße entlang. – Bist du sicher, dass du mein Gedicht lesen kannst?, fragt er. – Mhm, sage ich. Ziemlich schmal ist sie, die Straße, wir gehen genau in der Mitte, füllen sie beinah ganz aus. – Es ist ganz neu, sagt er, außer mir hat es noch keiner gesehen. Ich sage nichts. Ein Stück hinter uns höre ich ein Auto, dessen Fahrer vom Gas geht und nach kurzem, gesetzestreuem Zögern wieder ein wenig Gas gibt und in die kleine Straße biegt. – Ich hab's hier in der Tasche, sagt er. Das Motorengeräusch wird lauter, und vor uns wachsen unsere länglichen Schatten aus dem Asphalt. – Bist du sicher, dass du das Gedicht lesen kannst, fragt er, – wo du es doch nie gesehen hast? – Mhm, sage ich. Das Auto ist jetzt direkt hinter uns, unsere Schatten sind im Licht der Scheinwerfer wunderbar scharf, der Fahrer lässt den Motor aufheulen und aufheulen und aufheulen. – Also das geht doch nicht, sagt er. – Doch, doch, sage ich. – Bist du sicher?, sagt er. – Ja, ja, sage ich. Es sind immer noch gut fünfzig Meter bis zum Ende der Straße. – Hmm, sagt er, – direkt hinter uns fährt ein Auto. – Mhm, sage ich. – Ich glaub, der will vorbei. – Mhm, sage ich. Jetzt, wo wir endlich aus diesem Hinterhof raus sind, und ich nie wieder zu den doch gar nicht so großen Autoren unseres Landes gehören werde, geht es mir einfach großartig, ich bin frei, es gibt nichts, was ich machen muss, ich kann haargenau tun, worauf ich am allerwenigsten Lust hab, die Klappe halten, zum Beispiel, oder einfach alles hinschmeißen und abhauen, so wenig wie möglich (oder rein gar nichts) in ein Köfferchen packen und direkt zum Flughafen fahren, in den erstbesten Flieger steigen und nie wieder einen Fuß in diese Landschaft hier setzen, mich Gott weiß wo in Spanien oder Griechenland oder, warum nicht, der Türkei, einem Land mit der schlimmstdenkbaren Religion, oder schlimmer noch, Afghanistan niederlassen, das aktuelle korrupte Regime stürzen und den Taliban wieder die Freiheit schenken. – Wir gehn wohl besser mal auf den Gehweg, sagt er. – Nee, sage ich.

Der Fahrer schaltet das Fernlicht ein, blinkt damit, unsre Schatten springen vor und zurück wie zwei magere Pferde (jetzt fehlt nur noch die Hupe), das ist das Schöne an diesem Land, es ist so zivilisiert und human und demokratisch und die Menschen in ihm so tolerant und ethisch verantwortungsbewusst, dass man mitten in der Nacht mitten auf der Straße gehen und einem Autofahrer mehrere Minuten lang den Weg versperren kann, ohne dass er anfängt zu hupen, klar, dass sie am Ende irgendwann auf eine einsame Insel fahren und aufeinander losballern. – Ich glaube, wir müssen hier lang, sagt er und nickt mit dem entferntesten Ende des Schattens. Und dann gehen wir auf den Bürgersteig und biegen links in eine größere Straße, und hinter uns gibt das Auto Gas, und die Reifen geben sogar ein kleines, klägliches Quietschen von sich, ehe es mit blinkenden Lichtern an uns vorbeischießt. Wir sagen nichts, wir gehen einfach. Ein paar Hundert Meter weiter bleibt er stehen. – Ich glaube, wir sind da, sagt er und sieht lange auf das Schild, – »Haus der Poesie«, er schüttelt den Kopf und geht vor mir runter in einen Keller. Es ist ein Café, ich gehe nicht in Cafés, er wohl schon, nur nicht hier. Die Decke ist niedrig, auf den Tischen stehen Kerzen und es ist einfach nur schrecklich. Wir wollen an die Bar, aber ehe wir so weit kommen, stellt sich uns eine Schriftstellerin in den Weg. – Schön, dich zu sehen!, sagt sie (zu ihm, nicht zu mir, ich bin zum Glück aus der Welt) und legt ihm ihre sensible Dichterinnenhand auf den zigarrenbraunen Anzugärmel, – wir sind da hinten drin, sagt sie und zeigt nach da hinten, – du bist nach Pia dran, es dauert schon noch so eine Viertelstunde. Und dann schaffen wir es endlich an die Bar. – Was willst du haben?, fragt er, – ich lad dich ein. – Nein, nein, sagt die junge Frau hinter der Bar, – ihr braucht nur sagen, was ihr wollt! Darüber denken wir erst mal kurz nach. – Ein Glas Rotwein dann, sagt er. – Und du?, fragt sie. – Ein Glas Wasser, sage ich. – Hast du gar nichts getrunken?, sagt er. Darauf brauche ich wohl nicht antworten. Sie stellt ein Weinglas auf den Tresen und schenkt Rotwein ein und nimmt ein großes Bierglas und den Deckel vom Eiskübel. – Wasser, habe ich gesagt, sage ich, kein Eis. – Ich hätte nie zusagen sollen, murmelt er. – Nee, sage ich. Die junge Frau geht zur Spüle, dreht den Hahn auf, füllt das Glas und kommt zurück und stellt es vor mir auf den Tresen. – Ich glaub nicht, dass das geht, sagt er, – das geht doch nicht. Ich nehme das Glas, und er seins, nichts mit zuprosten oder einander anschauen, wir trinken einfach, jeder für sich. – Du gibst es mir mal besser, sage ich. Er lässt den Kopf sinken und sieht an sich runter. Dann hebt er die linke Hand, fasst unters Revers und kramt in der rechten Innentasche. – Nee, sagt er und schüttelt langsam den Kopf, zieht die Hand raus, nimmt mit ihr das Glas und steckt die Rechte in die linke Brusttasche und nickt. Er zieht ein gefaltetes A4-Blatt aus der Tasche, stellt das Glas ab, faltet das Blatt auseinander und steht einen Moment da und betrachtet es. – Magst du es dir kurz anschauen?, fragt er und hält mir (zögernd) das Blatt hin. – Nee, sage ich und nehme das Blatt, – aber ich muss es schon mit ans Mikro nehmen. Er nickt langsam vor sich hin, und ich falte das Blatt zweimal zusammen, stecke es in die linke Brusttasche und gehe vor ihm durch eine niedrige Türöffnung ins Hinterzimmer. Möglicherweise ist mir mal rausgerutscht, dass man die ganze kleine Gemeinschaft der so gar nicht großen Autoren unseres Landes mit einem einzigen, winzigen Knall auslöschen könnte. So was in der Art. Das war falsch. Das tut mir leid. Das geht einfach nicht. Sie sind überall, sogar hier. Wir sind gleich hinter der Tür stehen geblieben und blicken auf die Gemeinde und ihre Leser, die an kleinen, runden Tischen mit brennenden Kerzen sitzen, die Gesichter der adretten Frau in mittleren Jahren zugewandt, die ganz hinten im Eck an einem Mikroständer herumfummelt (das ist sicher Pia, die kennen wir ja). – Ich glaub, ich stell mich hier in die Ecke, murmelt er ohne auch nur ein Gran Zweifel oder Hoffnung, als der zum Tode Verurteilte, der er immer schon war. Ich nicke bloß, und wie gesagt, er bleibt hier stehen, wo ich ihn bald verlassen werde, zum Glück hat er bis zuletzt das Weinglas mit. Die Frau räuspert sich und sagt, sie habe ein ganz neues Gedicht dabei, es sei als Reaktion auf die Katastrophe entstanden, ich weiß nicht, wovon sie redet, die habe sie enorm inspiriert, oder vielleicht sagt sie: schockiert, und das Gedicht sei das Ergebnis. Dann liest sie es. Er steht neben mir, groß und mager in seinem zigarrenbraunen Anzug, vielleicht ist er grau oder bloß etwas staubig, und sieht vor sich hin, hört anscheinend nicht zu, sein Gesicht ist ruhig, ausdruckslos, die vielen Jahre, die es inzwischen an dieser länglichen Schale hat hängen dürfen, machen es so wunderbar melancholisch. Ich hab es schon mal gesehen, ich weiß bloß nicht mehr wo, in einer Vorstadt von Kairo vielleicht, einem der ärmsten Viertel, Töpfer, Blechhütten mit mageren Männern, die aus einer Art Schrott anderen Schrott zusammenschweißen, das sanfte, leicht schläfrige Zischen der Schweißflammen bis tief in die Nacht. Mitten durchs Viertel zog sich der Friedhof und an ihm entlang eine einsturzgefährdete alte gelbe Mauer, vor der Mauer war im Lauf der Jahrzehnte eine lang gestreckte Müllhalde in die Sonne und bis auf die Straße angewachsen. Und da, inmitten des Müllbergs, hatten die Menschen vor Urzeiten ihren Esel angebunden. Es war viele Jahre her, ein Menschenalter, Jahrhunderte vielleicht, aber der Esel stand immer noch da, völlig ausgebleicht von der Sonne, ein mageres Gestell in einem staubigen, grauen Anzug und mit großen, hoffnungslosen Augen. Er gab keinen Laut von sich, stand einfach da wie ein stummes Überbleibsel aus einer anderen Zeit. Es gab wohl nichts mehr zu sagen. Dann ist sie fertig mit ihrem Gedicht, und die Gemeinde klatscht, dass die Flammen sich sanft verneigen, ihre Perücken schwenken und wieder aufrichten. Hinter uns macht die Veranstalterin einen Schritt vor und legt ihm sanft die Hand auf die Schulter. – Du bist dran, flüstert sie, er nickt langsam, und ich zwänge mich zwischen den Tischen durch ans Mikrofon. Ich stelle es mir ein bisschen ein, ich hab schließlich doch ein etwas anderes Format, ziehe das A4-Blatt aus der Jackentasche, falte es auf und sehe ins Publikum. Ich räuspere mich nicht. – Guten Abend, sage ich mit seiner Stimme. Und dann lese ich das Gedicht, genau so, wie's da steht.

EIN JA AUF PROBE

Eines Tages in ferner Zukunft werden sich zwei junge Frauen von einer Literaturzeitschrift bei mir melden. Ich sehe die beiden nicht vor mir, ich höre nur ihre Stimmen, nein, eigentlich nur eine von ihnen. Ich stelle mir vor, wie sie erzählt, dass sie gern ein Treffen zwischen mir und dem legendären Filmemacher und Lyriker Jørgen Leth arrangieren will. – Jørgen Leth?, werde ich sagen. Oder wahrscheinlicher: – Mit mir? – Ja, sagt sie, – wir fänden es spannend zu hören, wie ihr euch darüber unterhaltet, was ihr gemeinsam habt. (Das kann nicht sein, das merk ich sofort, dass jemand gern ein Gespräch zwischen Jørgen Leth, dem Bonvivant und Verführer von Frauen in aller Welt (und vor allem seiner Wahlheimat Haiti), und mir hören würde, ist *eine* Sache, aber darüber, was wir gemeinsam haben, das muss sicher ein Traum sein, und gewissermaßen ist es das auch, der Beginn eines Albtraums: das, was Jørgen Leth und ich gemeinsam haben.) Was in aller Welt sollte das sein? Zu der Zeit hab ich mich schon längst von *dem* Traum verabschiedet, aber erst recht neulich ist mir klar geworden, dass Jørgen Leth auch *Dichter* ist. Recht besehen ist Jørgen Leth von allen großen Autoren unseres Landes der, den ich am längsten kenne, von ganz früh seit seinem Debüt als Tour-de-France-Kommentator in ... das war wohl so Mitte der Achtziger. Der Neunzehnhundertachtziger. Aber das bedeutet ja nicht, dass wir tatsächlich etwas gemeinsam haben. In der Sprache liegt es jedenfalls nicht. Als ich endlich in diese Welt kam, war Fausto Coppi schon über alle Berge, und in dem Moment, als Bjarne Riis angestrampelt kommt, behäbig, der weiße Schaum im Gelben Trikot, bin ich schon aus dem Rennen. Meine Zeit ist vorbei, und sie war eine Übergangszeit mit seltsam schattenhaften Namen wie Lucien van Impe, Hennie Kuiper, Bernard Thevenet und Joop Zoetemelk, Namen, die die meisten vermutlich vergessen haben, außer Jørgen Leth natürlich. Designerhemden können es auch nicht sein, ich habe noch nie einen Fuß in eine Armani-Boutique gesetzt, oder sonst ein Modegeschäft, zumindest nicht freiwillig, seit sie dazu übergegangen sind, systematisch alle ihre Waren erst mit heulenden Alarmen und dann sogar mit einer Art Tintenpatronen auszustatten, die explodierten und einem völlig die Freude vergällten, in anderer Leute Kleidern herumzulaufen. Während ihm, soweit ich weiß, überall auf der Welt Hotelsuiten offenstehen, bevorzuge ich Wanderheime, Klosterzellen, die sogenannten Shelter entlang der Pilgerwege, Unterkünfte, in denen man kalt und hart und einfach liegt. Und was Sex mit Einheimischen betrifft, ja, ich habe davon geträumt, bloß ein Mal in meinem Leben mit einer afrikanischen oder, warum nicht, haitianischen Frau zu schlafen, die beinah schwarzbraune, feuchte Haut, das kräftige, gekräuselte Haar mit der rosa glänzenden Öffnung usw. Aber ich fürchte, es würde nicht auf Gegenseitigkeit beruhen, und dann wird ja nichts draus, es sei denn, man bezahlt dafür, und ich war auch zu schüchtern und hatte vor allem Möglichen Angst, Aids, Herpes, Meningitis, Atomkrieg, dem Geschmack von Fisch, und jetzt ist es zu spät. Trotzdem werde ich Ja sagen. Am vereinbarten Tag zur vereinbarten Zeit werde ich mich an den vereinbarten Ort begeben, eine Seitenstraße hinter dem Königlichen Theater. Nun haben diese Zeitschriften ja nie Geld, es wird also kein Zwei-Michelin-Sterne-Restaurant oder eine exklusive Weinbar oder die Penthousewohnung einer der beiden jungen Frauen sein, was immer das ist, es wird kein Aquarium mit Kaiserhummern am Eingang oder Waldsauerklee oder sonst irgendwas geben, was den großen Ästheten Jørgen Leth hätte verlocken können, nicht mal einen eigenen Koch werden sie haben, und die beiden jungen Frauen werden weder sonderlich schön noch sinnlich sein, nicht soweit ich mich werde erinnern können, es werden zwei ganz gewöhnliche, nette, junge Frauen sein, sie werden mit der ganz gewöhnlichen Kaffeemaschine der Zeitschrift Kaffee gemacht und die Thermoskanne, vier weiße Becher mit dem Boden nach oben, eine Karaffe Wasser und vier übereinandergestapelte Gläser auf einem schiefen Schultisch in einem halbwegs großen, nicht besonders gemütlichem Raum mit Metallregalen und Papierstapeln auf den Fensterbänken zur Straße bereitgestellt haben. – Jetzt warten wir bloß noch auf Jørgen. – Aber er kommt?, frage ich. – Davon gehen wir aus, sagt die eine junge Frau, – er hat jedenfalls Ja gesagt. Das ist der bis jetzt (absolut) schwächste Punkt der Geschichte, das ist mir vollkommen klar. Ich habe noch keinen glaubwürdigen oder realistischen Grund herbeischreiben können, warum Jørgen Leth zu einem Treffen mit mir Ja gesagt haben sollte. Aber in dieser Art Vorstellung oder Träume müssen die Dinge nicht unbedingt einen Grund haben. Sie geschehen einfach: Jørgen Leth hat Ja gesagt. Er ist bloß noch nicht gekommen. – Wir geben ihm noch zehn Minuten, sagt die eine junge Frau, oder die andere, sie sind tatsächlich so ziemlich gewöhnlich, nett und positiv, dass ich sie zum gegenwärtigen Zeitpunkt nicht auseinanderhalten kann. Nach einer halben Stunde rufen sie Jørgen Leth an. Da keiner von uns Jørgen Leth je begegnet ist, und laut den beiden just zu diesem Thema nichts in den Memoiren steht, die er zu diesem Zeitpunkt und sehr typisch für einen Schriftsteller oder Sportstar oder auch nur Journalist im Spätsommer seiner Karriere gerade geschrieben haben wird, wissen wir nicht, ob genau das in Wirklichkeit für Jørgen Leth sehr typisch ist. Zu der Zeit wird jeder Mensch ein eigenes Mobiltelefon haben, und das hat Jørgen Leth natürlich auch, aber egal, wo in der Welt er gerade ist, Kopenhagen, Nizza, Skagen oder Haiti: Er geht nicht ran. – Was machen wir jetzt? Der Traum kann ja nicht einfach hier enden. – Wir können versuchen, einen von seinen Söhnen anzurufen, sagt die eine junge Frau, – wenn er nicht dieses Penthouse ganz oben im Ascot hat, wohnt er bestimmt bei einem von ihnen, wenn er in Kopenhagen ist. Das weiß sie anscheinend. Das hat er ihr vielleicht erzählt, als sie die Absprache trafen, oder es ist so was, was jeder weiß, aus den Medien oder seinen Memoiren. Da stehen oft die belanglosesten Dinge drin. Aber doch sicher nicht die Telefonnummern seiner Söhne? Die müssen sie wohl über die Auskunft besorgen. Falls es die überhaupt noch gibt? Jetzt rufen sie jedenfalls den einen Sohn an. Er geht nicht ans Telefon. Sie versuchen es bei dem anderen. Und Teufel auch, da steckt er tatsächlich! Nicht er geht ans Telefon, sondern sein Sohn, schließlich haben sie ihn angerufen, – Asger, sagt er, aber dann reicht er das

Telefon seinem Vater. – Spreche ich mit Jørgen?, fragt die junge Frau. – Jaaa, sagt Jørgen Leth. In meiner Vorstellung stehe ich praktischerweise direkt neben ihr, sodass ich tatsächlich seine Stimme hören kann, ein bisschen so, wie wenn man bei sich auf dem Sofa sitzt (ich hatte nie ein Sofa) und durch die Wand den Fernseher des Nachbarn hört, es ist Nachmittag, Sommer, und bei der Tour de France sind sie auf einer dieser endlos langweiligen Flachetappen, sechs geschlagene Stunden passiert nichts, rein gar nichts, also sagt Jørgen Leth in seinem unnachahmlichen Sprechgesang ein paar Worte über die Landschaft, ein Weinschlösschen oder bloß – jaaa. – Wir wollten nur kurz hören, sagt die junge Frau, – du hättest ja um zehn Uhr hier sein sollen. – Jaaa, sagt Jørgen Leth. – Aber du bist vielleicht gerade auf dem Weg? – Neein, sagt er. – Aber du kommst doch?, fragt sie. – Neein. – Du kommst *nicht*?, fragt sie. – Neein, sagt er, – vermutlich nicht. – Aber du hast Ja gesagt, dass du kommst. – Jaa, sagt er, – schon, aber das war ein Ja auf Probe. – Ein Ja *auf Probe*?, sagt sie. – Ein Ja auf Probe. Dann sagen sie nichts mehr. Und das brauchen sie ja auch nicht. Das ist typisch für mich, oder genauer gesagt für mein Leben. Die junge Frau schaltet ihr Handy aus und sieht mich an. – Er kommt nicht, sagt sie. – Nein, das hab ich verstanden, sage ich. Aber in Wirklichkeit verstehe ich nichts, oder genauer: alles. Das ist typisch für mich, für mein Leben, aber vielleicht auch für Jørgen Leth und sein Leben. Jørgen Leth hat zu einem Treffen mit mir Ja gesagt. Aber es war ein Ja auf Probe. Jørgen Leth hat Ja gesagt, um dieses Ja auszuprobieren und zu spüren, ob es ein richtiges Ja oder ein falsches Ja war. Ob es richtig oder falsch von ihm, für ihn, Jørgen Leth, war, Ja zu sagen. Ja, sagte Jørgen Leth, und sowohl die zwei jungen Frauen als auch ich haben dieses Ja, Jørgen Leths Ja, als ein Ja aufgefasst. Deshalb war ich gekommen. Woher sollte ich denn wissen, dass Jørgen Leths Ja kein Ja war, sondern ein Ja auf Probe? Ich hatte noch nie von einem Ja auf Probe gehört. Und am allerwichtigsten: Ich war Jørgen Leth noch nie begegnet.

Doch wie ich am nächsten Morgen aufwache und es keine Rolle mehr spielt, wird mir klar werden, dass es natürlich genau das ist, was Jørgen Leth und ich gemeinsam haben und weshalb wir uns unmöglich begegnen können, nicht mal im Traum: das Peinlichste, Lächerlichste, Erbärmlichste und für alle außer uns beiden ziemlich Unverständliche und zumindest Unerträgliche, wovon ich noch nie gehört habe, und was ich dennoch geradezu verkörpere, und zu dessen Formulierung es letzten Endes einen richtigen Dichter wie den großen Ästheten und Tour-de-France-Filmemacher Jørgen Leth braucht: das Ja auf Probe. Ich gehe nie ins Restaurant. Nicht, weil ich kein Geld habe – ich hab keins – sondern weil ich mich nicht entscheiden kann. Wenn die Bedienung endlich an unseren Tisch kommt und die anderen ihr Essen bestellen, habe ich gleich erst mal eine Frage: – Der *gemischte Salat*, die Nummer 8, sage ich, – was ist da drin? – Das ist ein ganz gewöhnlicher gemischter Salat, sagt die Bedienung. – Was bedeutet das?, frage ich, – was ist da drin? – Ja, Salat eben und verschiedenerlei Gemüse. – *Frisches* Gemüse?, frage ich. – Ja, selbstverständlich, sagt er. – Nichts aus der Dose, frage ich, – auch kein Mais zum Beispiel? – Nicht, wenn Sie nicht möchten, antwortet die Bedienung. – Und was noch?, frage ich. – Ja also Salat, Tomaten, Gurke, etwas Zwiebeln und Oliven ... – Gar kein Kohl oder Wurzelgemüse? – Ich meine, es wäre ein bisschen Sellerie dabei. – Staudensellerie?, frage ich. – Ja, sagt die Bedienung, sie ist bestimmt eine junge Frau, – Staudensellerie, sagt sie. – Aber das ist doch kein Wurzelgemüse!, sage ich. – Ich kann den Koch bitten, dass er Ihnen ein paar Karotten reinschneidet, sagt sie, – soll ich? – Ja, sage ich, – oder, warten Sie! Aber da ist die Bedienung schon auf dem Weg in die Küche und ich muss von meinem Platz im hintersten Eck aufspringen und mich hinter den anderen vorbeiquetschen und ihm – jetzt ist es wieder ein er – schnell hinterherlaufen und ans Hemd oder die Weste fassen, er dreht sich verblüfft um und sieht, jetzt offensichtlich maßlos irritiert, dass ich es bin, – warten Sie, sage ich, – ich glaube, ich warte noch kurz. – Sie wollen doch keinen Salat? – Ich hab überhaupt keinen Salat bestellt!, sage ich, – noch nicht, bringen Sie den anderen ruhig ihre Vorspeisen, ich steige dann beim Hauptgericht ein. – Sie wollen also keine Vorspeise? – Doch, doch, sage ich, – ich glaube, mir genügt eine Vorspeise, ich nehme sie einfach nur dann, wenn die anderen beim Hauptgericht sind. – Okay, sagt der Kellner. Aber das ist erst der Anfang. Es wird noch schlimmer. Viel schlimmer. Ich bekomme nie etwas zu essen, und hinter meinem Rücken versuchen die anderen wenigstens halbwegs so zu tun, als wäre nichts, jedenfalls bis sie zu Hause sind und ungeniert Dinge sagen, an die ich nicht im Traum denken mag. Zu diesem Zeitpunkt in ferner Zukunft gehe ich schon längst nicht mehr in Restaurants, das letzte Mal, dass ich in einem Café war, ist schon über zehn Jahre her, eventuell habe ich mal einen Bekannten, oder vielleicht dich, in ein Café begleitet, aber ohne etwas zu bestellen, ich kaufe auch sonst möglichst nichts, versuche das Betreten von Geschäften am besten ganz zu vermeiden, zu diesem Zeitpunkt war ich Ende des zwanzigsten Jahrhunderts zum letzten Mal in einem Kleidergeschäft, nur in Lebensmittelgeschäfte gehe ich, und auch nur eine ganz bestimmte Art von Lebensmittelgeschäft, Netto, aber nicht irgendeinen Netto, ausschließlich meinen örtlichen, da weiß ich genau, wo die Sachen stehen, oder besser gesagt liegen, kunterbunt, wie fast immer bei Netto, ich drücke das gatterartige Metallbügelchen zur Seite, nehme einen von diesen gelben Netto-Einkaufskörben mit schwarzem Henkel und gehe erst links zwischen den Paletten, Stapeln, Netzen und Kartons mit den Bio-Angeboten durch, dann ein rascher Schwenk nach rechts und gleich wieder links die Gemüseauslage entlang, ich nehme ein Kilo Karotten, einen Brokkoli, eine Avocado und eine Zitrone *oder* einen Apfel, das ist das Risiko, das man im Leben eingehen muss, entweder – oder, aber auf jeden Fall entweder die Zitrone oder den Apfel (der in Krisensituationen, wenn ich völlig außer mir bin, eine Birne sein *kann*, dann aber *immer* eine holländische Conferencebirne). Von dort führt mich meine Route im Bogen an den Kühltheken vorbei, aus denen ich aber noch nie im Leben was genommen habe, ich sehe das alles, rühre aber nichts an, ich gehe zielstrebig zum Regal mit den Bio-Haferflocken, lege ein Kilo in den Korb, jedes dritte oder vierte Mal auch ein Kilo Reis, nur dass ich es in dem Fall dann bereits in den Korb gelegt habe, weil das Reisregal gegenüber von den Kühltheken steht, und das war's dann auch schon, von dort gehe ich direkt zur Kasse. Es so weit geschafft haben, *wenn* ich es so weit schaffe, ist wie eine Begnadigung, ein Segen Gottes, wie an Bord der Titanic gewesen zu sein, und dass sie in Wirklichkeit (durch ein, wie sich herausstellt, kontrafaktisches Wunder) gar nicht gesunken ist: Ich habe überlebt. Aber das ist nicht das Schlimmste, bloß eine streng disziplinierte Orchestrierung des Schlimmsten. Das Schlimmste liegt zu diesem Zeitpunkt mehrere Jahrzehnte zurück.

Ich hatte das Haus am Meer verlassen und war gerade mit meinen fünf Erstlingsgedichten, die noch längst nicht die Form von Rote-Bete-Gedichten hatten, in Kopenhagen angekommen und wusste nicht, wer oder was (oder warum) ich überhaupt sein sollte. Aber ich war sechsundzwanzig Jahre alt, und abgesehen von den fünf Gedichten hatte ich noch nicht viel anderes geleistet, als mit meiner jetzt ehemaligen, aber damals allerersten Freundin bis tief in den Spätnachmittag auf einer kolossalen Boxspringmatratze in einem sonst leeren und gleichzeitig unsäglich unaufgeräumten Zimmer zu liegen, bis abends beim Frühstück zu sitzen, zweimal die Woche mit meiner Band zu üben, die nie wirklich *groß* rauskam, und ansonsten die obligatorischen fünf Minuten abzuwarten, bis der Kellner im *Café Biografen* den Film gestartet hatte und an die Bar zurückgekehrt war, bevor ich ins Dunkel schlüpfte. Mein leuchtendes Schicksal hatte ich schon längst verpasst, so was gab's einfach nicht mehr, schon damals (Anfang der 1990er-Jahre) lag es ganz an jedem Einzelnen, ob er oder sie (noch nicht mal da war ich mir sicher) je etwas anderes würde als eine Unendlichkeit nie verwirklichter Möglichkeiten. Kurzum, ich war noch kein eigentlicher Mensch, nur eine bald siebenundzwanzig Jahre alte Möglichkeit, und jetzt, allerspätestens heute, musste die Entscheidung fallen.

Ich zog in eine WG, nicht die in Christianshavn, sondern am Fælledvej in Nørrebro, doch, doch, so was geht, nicht nur in Träumen, auch in der menschlichen Erinnerung: Es kann durchaus passieren, dass ein Mensch an einem für sein Leben, seine Geschichte offenbar ganz entscheidenden Zeitpunkt in eine Stadt kommt und *gleichzeitig* in zwei verschiedene WGs in zwei verschiedenen Vierteln zieht. Das ist natürlich unmöglich, aber nichts desto weniger *wahr*. Gelogen ist es jedenfalls nicht. Es gab keine Dienstmädchenkammer, aber da's ja immer noch ich war, bekam ich das kleinstmögliche Zimmer. Ich schlief auf genau derselben Matratze auf dem Boden, auf der ich gleichzeitig in der WG in Christianshavn schlief, und jeden Morgen stand ich auf und joggte eine Runde zum und im Fælledparken, machte Tai-Chi und zweihundertsechzig Bauchaufzüge, um mich gleichzeitig auf sie vorzubereiten und sie vor mir herzuschieben, die Entscheidung, die Wahl meines Lebens: Was –

und damit wer – soll ich werden? Wenn ich zurück in die WG kam, sprang ich unter die kalte Dusche und machte mir Haferbrei, einfach und diszipliniert wie Gandhi sollte es sein, als das kolossale Potenzial, das ich war, musste ich zwangsläufig hundert Jahre leben. Während ich, im Stehen natürlich, den Haferbrei aß, versuchte ich, die Entscheidung zu treffen, und falls zufällig einer von den anderen in die Küche kam, breitete ich die wahrlich überwältigenden Möglichkeiten vor ihnen aus und fragte, welche ich ihrer Meinung nach wählen sollte. – Wenn ich du wär ..., sagten sie. – Aber das bist du nicht!, sagte ich, – das ist genau der Punkt, niemand ist das! Wenn sie mir trotzdem vorschlugen, etwas zu tun, wusste ich wenigstens, was ich *nicht* machen würde. – Geh doch raus eine Runde spazieren!, sagten sie. – Nein, sagte ich, und wartete, bis sie die Wohnung verlassen hatten, um zur Uni zu gehen, zu einem Freund, ihrer Freundin, oder ins Kino, und *dann* ging ich raus. Ich wusste nicht, wo ich hingehen sollte, also ging ich einfach, stundenlang, und wenn ich endlich weit genug draußen war, nahm ich die S-Bahn oder einen Bus zurück Richtung Nørrebro, und falls es ein Bus war, fragte ich den Fahrer, wofür ich mich seiner oder ihrer Meinung nach entscheiden sollte. – Was?, sagte er. – Also, die Sache ist, ich war in Vordingborg mir eine experimentelle Theaterschule anschauen, aber eigentlich hab ich eine Zusage von einer Schule in New York, und ich hab das Glück, dass ein paar Franzosen, die ich letzten Sommer beim Trampen in Spanien kennengelernt hab, und die in Greenwich Village wohnen, mir ihre Wohnung vermietet haben, ja also es ist nur ein Zimmer, weil sie aufs Land ziehen und eine Bio-Bäckerei starten wollen, aber ich hab auch überlegt, mich an der Journalistenschule zu bewerben. – Ja ..., sagte der Busfahrer, – ich versteh nich, wo willst du hin? – Das weiß ich nicht, sagte ich. – Du kanns nich einfach Bus fahrn, sagte er, – du muss bezahlen. – Ja, sagte ich, – ich hab kein Geld. – Dann muss du die nächste aussteigen bitte. – Ja, sagte ich. Wenn ich spät nach Mitternacht endlich zurück in die WG kam, schlich ich mich durch die im Dunkeln liegende Wohnung in die Küche und machte die Tür hinter mir zu. Und weil ich natürlich Vegetarier war, schmierte ich mir die restlichen von der riesigen, lesbischen Isländerin selbstgebackenen, ebenso riesigen Brötchen mit Leberpastete. Und aß sie. Eins nach dem anderen. Das erste mit einer Mischung aus Ekel und Hunger, das nächste mit ziemlicher Mühe und das dritte allen Naturgesetzen zum Trotz als Aufstand gegen die Wirklichkeit, und las dabei ein Lustiges Taschenbuch, in diesem Fall Nr. 252, nach dem ich mich auf dem Weg in die Küche im Dunkeln gebückt und es in der Schranktoilette vom Boden aufgeklaubt hatte. Aber auch hier fand ich keine Antwort. Und am nächsten Morgen beginnt alles wieder von vorn. Spätnachmittags, wenn meine gandhigleiche Disziplin versagt, rufe ich meine jetzt ehemalige Freundin an und frage sie, wie ich mich entscheiden soll, und wenn nicht sie, dann ihre Mutter. Ich rufe meine Schwestern an, meinen Onkel, Menschen, die ich jahrelang nicht gesehen habe, oder namenlose Telefonnummern, die ich zufällig in meinem Kalender finde.

Eines Morgens kommt mir, noch *vor* dem Aufstehen und meiner Runde im Park, der Gedanke, ich sollte vielleicht einen Psychologen fragen. Natürlich brauche ich eigentlich keinen Psychologen, er oder sie soll sich einfach meine Möglichkeiten anhören und mir sagen, wie ich mich entscheiden soll. Ganz einfach. Aber da ich, wie schon erwähnt, kein Geld habe, oder zumindest, haargenau wie jetzt und in der Zukunft, allen außer mir selbst weismache, ich hätte keins, rufe ich meinen Arzt an. Und wo ich ihn schon mal am Apparat habe, lege ich ihm meinen Fall dar und frage ihn, für welche meiner vielen möglichen Zukünfte ich mich entscheiden soll. – Ich schlage vor, Sie fahren mit dem Taxi in die Stolpegård-Klinik, die haben eine psychiatrische Notaufnahme. Das ist ja wohl das Dümmste, was ich je gehört habe! In mir stecken enorme Möglichkeiten, ein noch nie dagewesenes menschliches Potenzial, ich kann im Prinzip alles Mögliche werden: Flötist, Schauspieler, Schriftsteller, Psychologe, Börsenspekulant oder warum nicht so wie Celibidache: Doktor der Philosophie, Mathematik, Musikwissenschaft, Atomphysik, Literaturwissenschaft *und* Dirigent. Und dieser Kerl empfiehlt mir den Gang in die *Notaufnahme*. Ich bin doch kein Idiot! Aber warum eigentlich nicht? Ich könnte es einfach probieren. – Ja, sage ich. Probehalber.

Warum ich dir das alles erzähle? Damit du weißt, was du nicht tun sollst, wenn du glücklich sein willst? Nein, man kann aus den Erfahrungen anderer Menschen nichts lernen. Das Leben ist fürchterlich, aber wenn man hinterher davon erzählt, ist es oft doch recht rührend und lächerlich. Die größten Katastrophen meines Lebens, die peinlichsten Situationen und die größten Verluste, all die Dinge, die um alles in der Welt nicht geschehen durften, aber geschahen, sind jetzt das, was mir das Allerliebste ist und ich auf keinen Fall missen will.

Ich leihe mir ein Fahrrad und fahre zur Stolpegård-Klinik. Nein, im nächsten Moment bin ich schon da. Anders als Palle aus dem Kinderbuch bin ich nie in meinen Träumen allein. Nur in der Welt. Hier ist kein Mensch. Ansonsten ist es hier, wie es sein soll: die rohe Backsteinmauer, die automatischen Glastüren, die niedrigen Stühle mit gebogenen Metallrohren und weiß, schimmelgrün und trostlos braun gestreiften Polstern, der niedrige Tisch mit den üblichen zerfledderten Illustrierten und die kleinen Stapel rechteckiger Faltblätter mit Verhaltensregeln bei tiefer Trauer, Sinnverlust oder akutem Sprung in der Schüssel. Es ist eine Notaufnahme, aber niemand da, der mich aufnähme, und die Wartezeit ist so lang, dass sie keine Ausdehnung hat. Zeit und Raum, Wartezeit und Wartezimmer sind eins. Ich habe ein ganzes Leben, um mir vorzustellen, was passieren wird, und wie es sein wird, wenn ich eines schönen Tages durch die Tür schreite. Im nächsten Moment bin ich wirklich dort, und es ist genau so, wie ich's mir vorgestellt habe: ein kleines Krankenhausbüro mit Fenstern zum Parkplatz, die gleichen Backsteinmauern wie draußen im Wartezimmer, der Schreibtisch mit den aufdringlichen Fotos der zwei niedlichen Kinder des Psychologen und, Allmächtiger, auch ein Bild von ihm und seiner Braut vor dem Rathaus. In Wirklichkeit sitzt er auf einem Bürostuhl und, schräg ihm gegenüber an der Wand, das Beste und Schlimmste von allem: die freudsche Couch mit einer kleinen Rolle für den Kopf. – Soll ich mich hier hinlegen? – Nein, setzen Sie sich einfach, sagt er, beugt sich vor und tippt auf einen zweiten Bürostuhl. Aber so habe ich mir das ganz und gar nicht vorgestellt, also lege ich mich, genau wie ich es mir vorgestellt habe, mit ihm in meinem blinden Winkel auf die Couch. Und dann erzähle ich ihm die ganze Geschichte, nicht die meines Lebens, ich hab ja noch keins, das ist genau das Problem, sondern der vielen Leben, die ich unmöglich haben konnte. – Wie soll ich mich entscheiden?, frage ich. An sich eine ganz einfache Frage, aber der Psychologe ist viel zu geschädigt von seiner Ausbildung und dem ganzen freudianischen Jahrhundert, in dem er aufgewachsen ist, und glaubt deshalb, es ginge nicht wirklich um diese Frage, sondern etwas Dahinterliegendes, Tieferes, ein großes, traumatisches Dunkel, was weiß ich. – Für so was haben wir hier keine Kapazität, sagt er, – wir sind nur eine Notaufnahme. Er ruft ein Taxi, – zum Rigshospitalet, Abteilung O, sagt er und dreht sich mir zu, – die haben da eine Aufnahmestation, der Fahrer weiß bestimmt, wo. Das ist ein einziges großes Missverständnis, aber das ist die ganze Geschichte an und für sich ja auch, mein Leben, *ein* langes, intensives Ja auf Probe, und da ich jetzt eh schon im Taxi sitze und es von hier bis zum Rigshospitalet so oder so ein ziemliches Stück ist, gebe ich dem Fahrer rasch eine kurze Zusammenfassung von *dem Ganzen* und frage ihn, wie ich mich entscheiden soll, er ist schließlich auch ein Mensch, wenn auch kein Einheimischer, wie sich zeigt, jedenfalls versteht er rein gar nichts. – Du sollen mit Arzt reden?, sagt er. Aber das ist keine Antwort. Das ist eine Frage. – Ja, sage ich, nein, sage ich, ich muss das hier einfach hinter mich bringen, damit ich loslegen kann! – Jaa ..., sagt er und nickt langsam und sieht vor sich hin, – jaa ... Und plötzlich geht ihm ein Licht auf, die Antwort auf *das Ganze*. Er dreht sich zu mir um, – hast du Führerschein, sagt er und klopft energisch auf das Lenkrad, – für Taxi! – Nein, sage ich. Nicht probehalber. Nein. Damit ist das geklärt.

Ich bin da. Der Wartesaal der Abteilung O. Oder 0? Dies ist der Ground Zero der Existenz, die Verwirklichung meiner schönsten Albträume: die automatischen Glastüren, die nie stillstehen, wir sollen nie Ruhe haben, nicht die geringste, winzigste Zuflucht, sie gehen auf und zu, nicht rhythmisch pulsierend, sondern unregelmäßig, nervtötend, wie nur eine menschengemachte Ordnung oder ein Muster es sein kann. Die Wände sind keine Backsteinwände, sondern einfacher grauweißer Beton. Die niedrigen Stühle mit gebogenen Metallrohren und gestreiften Polstern voll Kaffeeflecken und Spuren von Zigarettenglut sind um gewöhnliche Stühle mit blauen Sitzen und Rückenlehnen ergänzt, und die zerfledderten Illustrierten und Broschüren liegen auf dem niedrigen Tisch und zwischen den Stuhlbeinen unter uns auf dem Boden verstreut (wie nach einem Erdbeben in Haiti). Es gibt in dieser Welt schlicht keinen Platz für alle, die Leute müssen stehen und rastlos umhergehen, den Kopf gegen die Wand schlagen, sich an der Nase (oder im Schritt) kratzen, aufstehen, sich hinsetzen, AUFschreien! Ich bin gerade erst angekommen, und habe hier überhaupt nichts zu suchen, ich könnte genauso gut Arzt sein, ja, warum nicht? Ich sehe doch alles mit klinisch klarem Blick! Trotzdem habe ich einen Platz im inneren Kreis um den niedrigen Tisch gefunden, wo die Stammgäste sitzen: rechts ein aufgedunsener jüngerer Mann mit Eisernem Kreuz, Hakenkreuz und Hammer und Sichel an der Jeansjacke und um den Hals und Heavy Metal im Walkman. In Wirklichkeit ist er überhaupt nicht hier, – ich geh nie mehr raus!, brüllt er, um die innere Musik zu übertönen, – never! Seine Wohnung wird rund um die Uhr überwacht, nichts mit Weltuntergang, sie sind einzig und allein hinter ihm her, sie wissen, er stellt für sie eine Gefahr dar, er ist Mitglied von Mensa, aber er geht nicht ans Telefon, er legt sich einen Vorrat an, er hat schon Hundefutter, Dosen und auch säckeweise Trockenfutter, genug für die nächsten sieben Jahre. – Hast du einen Hund?, frage ich. – Nein, für mich, Mann!, brüllt er. Gegenüber sitzt ein gepflegter Mann mit Sakko und nur einem Hauch gelockerter Krawatte, als wäre er bloß rasch mal in seiner Mittagspause vom Sozialministerium hierhergekommen, er räuspert sich, tupft sich den Schweiß von der Stirn und kommentiert bestimmte Details in der Geschichte des anderen mit einem wiedererkennenden Nicken. Nach einer Weile tritt seine Frau von hinten an den Stuhl, sie hat anscheinend auch Mittagspause, sie mischt sich nicht in das Gespräch ein, reicht ihm bloß einen weißen Plastikbecher mit Kaffee aus dem Automaten, – dein Kaffee, Eigil! Plötzlich kommt ein Typ durch die automatischen Glastüren gerollt, springt vom Fahrrad und schließt es mit einer großen Kette rasch und effektiv an mein hinteres, linkes Stuhlbein. – Du rührst dich nicht vom Fleck!, ruft er. – Nein, nein, sage ich. Aber im selben Moment kommt eine Krankenschwester in weißem Kittel und einem Namensschild, das ich leider von hier, wo ich sitze, nicht lesen kann, herein und sagt meinen Namen, den, der zehn Jahre später auf meinem Grabstein stehen wird.

Diesmal ist es kein Psychologe, sondern ein Arzt, noch dazu ein Spezialarzt, und darum habe ich nun wirklich nicht gebetet. Er sieht mich *untersuchend* an. So langsam hab ich das alles hier ziemlich satt, ich glaub bald, ich geh nach Hause. – Wohnst du alleine?, fragt er, er ist jung, bestimmt noch nicht mal mit der Ausbildung fertig, er hat keine Bilder, weder von Frau noch Kindern, auf dem Tisch hinter sich stehen, nur sein Kittel mit dem hübschen kleinen Schild, es glänzt im Nachmittagslicht, das in fettgoldenen Streifen durch die offenen Jalousien fällt. Wie gesagt, ich hab nicht darum gebeten, ich brauche weder untersucht werden noch eine Diagnose, ich brauche nur eine simple Antwort auf die einzige, wesentliche Frage. – Wie trifft man die Entscheidung?, frage ich. – Ich kann's nicht. Ich versteh nicht, wie man es machen soll. Jeden Morgen, wenn ich aufwache, steht der Tag da mit seinem großen Hammer ... – »Seinem großen Hammer«, unterbricht mich der junge Mann mit dem Kittel und kneift die Augen zu, als wär's ein Rätsel, und schreibt es auf seinen Block, als wär's eine Zeile aus einem Gedicht von Paul Celan, der Schlüssel *zu allem*, das ist es nicht, – das ist mir bloß grade so rausgerutscht, sage ich. Aber da steht's jetzt, in meiner Krankenakte: »der Tag mit seinem großen Hammer«. Der junge Mann mit dem Kittel steht auf, öffnet die Tür, beugt den Oberkörper hinaus und sagt etwas, und eine Krankenschwester kommt rein. Die beiden sehen mich an. – Wenn du schon mal mit Schwester Marianne nach nebenan gehst und dich auszziehst, ich komme dann gleich. – Und was dann?, frage ich. – Nur eine kleine Voruntersuchung. – Ich brauch keine Untersuchung, sage ich, ich hab keine Zeit für so was, ich will bloß gern eine Antwort: Wie soll ich mich entscheiden?!

Das stimmt nicht, ich leistete keinen Widerstand, im Gegenteil, ich ließ los und trieb mit, ließ mich in einer Mischung aus Furcht und freudigem Staunen von einem Ort zum nächsten führen, spürte die

Geschichte Gestalt annehmen und den Tag aus der Reihe der Tage treten und unvergesslich werden.

Der letzte Raum ist fensterlos und ganz weiß, weiße Fliesen an Boden und Wänden, weiße Krankenhausbademäntel wie abgeschossene Vögel an Haken neben der weißen Tür, ein lange weiße Arbeitsplatte die weiße Wand entlang und darunter weiße Ausziehkörbe mit weißen Spülschwämmen; Glaskolben, Griffe und Apparate aus blitzblankem Metall und in der Mitte des Raums ein langer weißer, mit Plastik überzogener Untersuchungs- oder Operationstisch, das Ganze, bis auf die Bademäntel, hart und klinisch und perfekt geeignet, um darauf auszurutschen, zu stürzen und sich den Schädel zu brechen, den Kopf gegen die Wand zu schlagen und sich blutig zu schneiden. Ich bin jetzt alleine. Ich habe Zeit. Ich ziehe meine Sachen aus, langsam, erst die Turnschuhe, dann die weißen Sportsocken, das Hemd, das T-Shirt, die Hosen, und zuletzt die kleine dunkellilane Unterhose. Ich falte alles schön zusammen, lege es auf den Operationstisch und richte mich auf. Ich bin nackt. Ich warte.

Jeder neue Tag ist für mich ein Traum, der Wirklichkeit wird, und jede Nacht wiederholt sich derselbe verworrene Albtraum. Es hat längst begonnen, das ist mein Leben, aber ich komme erst wie zufällig hier irgendwo mitten in die Handlung geworfen, und wie immer am falschen Ort, noch nie war ich dort, wo ich sein soll, immer ganz anderswo mit panisch pochendem Herzen auf dem Weg zu einem dritten, im letzten Augenblick, falls ich unmenschlich über mich rauswachse, kann ich es gerade so schaffen, aber das ist mir noch nie gelungen, ich bin wie immer bloß unterwegs, tief, tief in einer Sackgasse in Form eines Labyrinths, groß wie eine Metropole bedeckt es die ganze Welt, endlose Korridore und Gänge, die in neue Gänge münden, Leerräume, Zwischenräume, Säle, Kammern, Keller, verlassene Fabrikhallen (zugleich leer und voller Gerümpel), aber nie eine Küche. Der Raum, in dem ich mich genau jetzt befinde, hat eine einfache, chaotische Architektur, die Wände bewegen sich; sobald ich mich ihnen zuwende, stehen sie still, Türen an den unvorhersehbarsten Stellen stehen entweder einen Spalt oder sperrangelweit offen, Menschen strömen blutend, weinend oder vollkommen gleichgültig raus und rein, nie ist es ein Zuhause, hier ist freier Ein- und Ausgang für alle, außer für mich, aus Gründen, die ich sicher als Einziger nie erfahren habe, nur ihre immergleichen, unheimlichen Konsequenzen, bin ich gefangen in der Bewegung, im Gedränge, diesem Schieben und Quetschen von Menschen, die ich nur allzu gut kenne, aber zum

Glück lang nicht gesehen habe, oder Menschen, denen ich noch nicht begegnet bin und bei Gott nie im Leben begegnen möchte, aber zweifellos früher oder später begegnen werde. Das kann niemals gutgehen.

Aber deinetwillen mache ich eine Ausnahme. Mit diesem einen Traum. Ich will ihm ein glückliches Ende geben. Es ist natürlich unmöglich, aber nicht unvorstellbar, dass einer von uns am Ende doch glücklich wird. Er oder ich. Du auf jeden Fall. Das hoffe ich. So, und nun hör einmal zu!

Irgendwann in der Zukunft, an die keiner mehr glaubt, bin ich doch noch Schriftsteller geworden. Und eines schönen Tages war ich gerade auf einen Sprung in meinem Verlag, nicht aus einem literarischen Anlass, bestimmt bloß, um ein Zugticket ausdrucken zu dürfen oder oben in der sonst nicht weiter erwähnenswerten Kantine einen gemischten Salat zu essen, oder, warum nicht, einfach nur ein paar Stücke Obst für den täglichen Bedarf zu stibitzen. Auf dem Hinausweg muss ich durch das sogenannte Vorbüro, und als ich reinkomme, sehe ich, ganz am anderen Ende des Raums auf der anderen Seite des frei stehenden Schreibtisches, an dem der Empfangsangestellte, der auch die Gespräche durchstellt, seinen Platz hat, ein reizender junger Mann, der garantiert nie ein Schriftsteller wird, aber zweifellos davon träumt, ihm gegenüber also, mit dem Rücken zu der Tür, durch die ich hinausmuss, tief in einen schönen, alten Sessel eingesunken, da sitzt er: der leibhaftige Bonvivant, Ästhet und Dichter Jørgen Leth, der Mann, dem ich an diesem Punkt in der Geschichte noch nicht begegnet bin. Kein Zweifel, ich höre seine Stimme, sie fließt mir entgegen, tief und singend, fasst jedes einzelne Wort, als wär's eine Frau, *saugt* die Wörter aus der Sprache, glatt und saftig wie Austern. – Ich habe es blitzeilig, sagt er langsam, genießerisch schmeckend, zu einem großen Mann, der mit dem Rücken zu mir rechts neben dem Tisch steht, – ich bin auf dem Weg nach Frankreich. Die Tour. Geht am Samstag los. Der andere Mann nickt und sagt etwas, was ich nicht hören kann, und der große Ästhet hebt in einer sanften Bewegung die Hand, die einen Kugelschreiber hält, und der andere nickt wieder und verschwindet in einem Korridor. Der große Ästhet lässt den Arm einen Augenblick in der Luft hängen, als wolle er nur eben diese ganz einfache, wunderbar einfache Bewegung spüren. So. Er lässt ihn sinken. Er lächelt selig. Aber für wen? Der andere Mann ist ja gegangen, und der Empfangsangestellte starrt auf seinen Monitor. Und dennoch lächelt er. Berauscht? Nein, er ist nicht berauscht, denke ich, oder vielleicht ist er eben genau berauscht, chronisch berauscht. Was soll das heißen? Wenn ich aus dieser Geschichte mit dem Tod davonkommen will, gibt es nur einen Weg, und der führt an ihm vorbei. Warum nicht? Ich hab ja davon geträumt, einmal dem großen Tour-de-France-Dichter zu begegnen. Jetzt kann der Traum Wirklichkeit werden. Aber es ist nicht so einfach. In der Wirklichkeit ist immer irgendwas, ein kleines Detail, das alles verdirbt und jede mögliche Begegnung unmöglich macht. Auf dem Tisch vor dem großen Ästheten stapelt sich ein Turm säuberlich aufgestapelter Bücher, zehn, fünfzehn, vielleicht zwanzig Exemplare ein und desselben Buchs. Gerade hat er das oberste Buch genüsslich vom Stapel genommen und in den Schoß gelegt, um es zu signieren. Noch hat er mich nicht gesehen, aber wenn ich zur Tür gehe, wird er unweigerlich aufblicken, mich entdecken und gleich fragen, ob ich sein neues Buch bekommen habe. Und da nein, wird er ein frisches Exemplar vom Stapel nehmen und es signieren und mir geben. Das weiß ich. Nicht, weil ich Jørgen Leth kenne, sondern weil ich es weiß. So sind die großen Autoren. Sobald sie die Gelegenheit haben, schenken sie einander ein signiertes Exemplar ihres neuesten Buchs. Oder schlimmer: Sie schicken ein Widmungsexemplar mit der Post. Und weil die meisten Schriftsteller zu dieser Zeit ihre Bücher am Computer schreiben, sind selbst die Gedichtbände inzwischen so dick, dass sie nicht durch den Briefkastenschlitz passen. Stattdessen lässt der Postbote einen kleinen Zettel da, und dann muss man zur Post dackeln und steht erst mal eine halbe Stunde Schlange, ehe man das Buch ausgehändigt bekommt und es nach Hause tragen kann. Und wenn man erst mal ein Buch eines der großen dänischen Autoren im Haus hat, kriegt man es schier unmöglich wieder los. Wo soll man denn hin damit? Man kann es ja nicht einfach in die Papiertonne werfen. Das kann man nicht machen. Man kann es aber auch nicht verschenken, und schon gar nicht verkaufen oder tauschen oder einfach ins Antiquariat bringen. Tut man das, kann man sicher sein, dass der Verfasser des Buchs an einem der nächsten Tage zufällig im Antiquariat vorbeikommt und als Erstes natürlich zum Regal mit dem Anfangsbuchstaben seines Nachnamens geht, um zu sehen, ob dort ein paar seiner oder ihrer Bücher stehen. Und tatsächlich, sogar das fast ganz neue, das muss ein Rezensionsexemplar sein. Der Schriftsteller nimmt es aus dem Regal, schlägt es auf und sieht, es ist das Buch, das er dir erst vor wenigen Tagen oder höchstens einem Jahr gewidmet und geschickt hat. Das geht nicht. Aber es führt kein Weg dran vorbei. Ich trete aus dem Schatten und gehe ruhig durchs Vorzimmer, und in dem Moment, als ich am Empfangstisch und dem Sessel, in dem der große Ästhet unseres Landes sitzt, vorbeikomme, blickt er von dem Buch auf, das er gerade signiert, und sieht mich. – Du bist es! – Ja, sage ich, und bleibe stehen. Er lächelt selig. Nicht, weil ich es bin, das kann unmöglich der Grund sein. – Ich bin auf dem Weg nach Frankreich, sagt er. – Ja, sage ich, – sous le soleil de Satan. – Japp, sagt er selig. Und dann kommt's: – Sag mal, hast du eigentlich schon mein neues Buch bekommen? Was soll ich sagen? Ich kann ja nicht lügen. Aber ich kann auch nicht die Wahrheit sagen. (Das kann ich einfach nicht. Das ist wohl eine kleine Schwäche von mir.) Aber irgendwas dazwischen vielleicht, etwas, das wenigstens nicht gelogen ist. – Ich hab gerade im Büro von meinem Lektor ein bisschen reingespickt, sage ich. Und das ist noch nicht mal gelogen. Im Gegenteil. Es ist ein Hilfeschrei, ein Flehen um Gnade. Aber das hört er nicht. Er hat schon das oberste Buch in den Schoß gelegt und es aufgeschlagen und betrachtet jetzt mit verzücktem Staunen und Genuss, wie der Kugelschreiber ein paar einfache, aber virtuose Schlenker über die Seite macht. Dann klappt er das Buch zu und reicht es mir. – Bitte sehr, sagt er und lächelt verliebt. Nicht in mich, natürlich. Das hat nichts mit mir zu tun. Ich bin frei, ich kann als freier und unglücklicher Mensch meiner Wege gehen. Aber ich bleibe stehen. Ich kann nicht anders. Das ist das Ende meiner Tage. Ich sehe ihn an. Er sitzt behaglich im Sessel versunken, mit leicht gerundetem Rücken, ein Bein leger über das andere gelegt und das sonnenbeschienene Gesicht nach oben gerichtet. Er sieht mich an, aber er hat schon längst aufgehört, mich zu sehen. Er lächelt selig, glücklich. Kein Zweifel. Jørgen Leth ist ein glücklicher Mensch. Er hatte ein paar harte Jahre, er ist bei der Tour rausgeflogen, irgendwas mit einer Frau, einem haitianischen Dienstmädchen, was weiß ich, und dann obendrein noch das Erdbeben. Aber das ist jetzt schon alles Vergangenheit. Er hat das alles hinter sich gelassen. Die Welt und das Leben haben ihm Gnade erwiesen. Große Gnade. Die größte: Er hat die Liebe seines Lebens gefunden. Jørgen Leth. Er ist dem Mann seines Lebens begegnet. Sie werden bis ans Ende ihrer Tage zusammen sein. Morgen reisen sie zusammen nach Frankreich, den ganzen Sommer, sie werden zusammen die Tour verfolgen, zusammen essen, zusammen ins Bett gehen, schlafen und aufwachen, zusammen leben und atmen. So ist es. Jørgen Leth hat die Entscheidung seines Lebens getroffen. Er hat Ja gesagt. So einfach ist das. Simpler geht's nicht. Jørgen Leth ist Jørgen Leth.

DIE SCHICKSALHAFTE BEGEGNUNG

Vor ein paar Tagen, oder vielleicht ist es schon fast zehn Jahre her, empfing ich einen Brief von einer mir bis dahin völlig unbekannten Behörde. In dem Brief, den zuoberst eine goldene Königskrone zierte, die über einem leicht in die Länge gezogenen Kreis aus blaugrauen Tupfen (vielleicht Wasserpfützen, Pfoten oder Sitzkissen ohne Stühle) schwebte, wurde mir mitgeteilt, die dänische Schriftstellerin Anna Christina Hesselholdt habe um ein Treffen mit mir ersucht. Das kam für mich vollkommen überraschend. Ich kannte natürlich Christina Hesselholdt, ich war ihr sogar begegnet, ganz zufällig, im Planetarium am selben Abend, als ich zum letzten Mal in meinem Leben Poul Borum sah, sie war die bereits erwähnte Freundin eines seiner Protegés, die das Libretto der Avantgarde-Kammeroper geschrieben hatte, die Borum und ich gesehen hatten, sie saß mir sogar auch bei dem Geburtstagsabendessen an seinem Achtundfünfzigsten gegenüber, es war ihr Freund, der Protegé, der (als Überraschung) fünf Gramm Hasch in den Rinderbraten getan hatte, und später am Abend, oder vielleicht war es einige Jahre später, begegnete ich ihr sogar im Krankenhaus, in der Nacht, als meine Tochter geboren wurde (sie war die Erste, die das Kind halten durfte), aber das mir so etwas widerfahren würde, hätte ich mir nie träumen lassen. Aber nun ist Christina Hesselholdt ja bekanntlich Schriftstellerin, sogar eine der angesehensten und preisgekröntesten Autorinnen unseres Landes, »sie hat ja so eine fantastische Sprache«, wie meine Mutter und auch die Mutter meines zukünftigen Sohnes sagen, originell und stets suchend, bis ins kleinste Detail, das wir alle kennen, aber nie wirklich gesehen haben, Milch, die wie verschlungene Glieder, weiß und leuchtend, auf den Boden des Glases fällt, den Anusringmuskel des Pferdes, den klebrigen Rosenblütenkranz, der aufgedrückt wird, und das zugleich trockene und saftige und herb duftende Glitzern des Apfels, der in den stets unvorhersehbaren Windungen und Sprüngen der Sätze schleimig-grüngolden ans Licht tritt und auf die Erde fällt wie zum ersten Mal wirklich *wahrgenommen*, sodass man als Außenstehender den Brief natürlich als eine originelle, das Genre erneuernde Art von Einladung zu einem Rendezvous sehen konnte, bei Weitem mutiger und gewagter als das banale *www.dating.dk* der Zeit. Auf jeden Fall führte, wie aus dem Brief, der die Unterschrift einer Frau namens Lotte Bjørn Pedersen trug, deutlich hervorging, kein Weg dran vorbei. Es war, was amerikanische Schriftsteller »an offer you can't refuse« nennen.

Zur angegebenen Uhrzeit des angegebenen Tages erschien ich bei der mir bis dahin unbekannten Behörde, die, soweit ich dem Schild an der Mauer rechts neben dem Eingang entnehmen konnte, nicht zum Kulturministerium gehörte. In dem Augenblick, als Christina Hesselholdt mich sah, brach sie in Tränen aus. Ich nahm sie in den Arm und versuchte, sie zu trösten, und sagte, dass alles gut werden würde. Sie sah müde aus, älter als auf den Bildern, in *Das Verborgene, Die Aussicht* und vor allem auf der Umschlagklappe von *Ex* hatte sie mir mit einem Gesicht entgegengesehen, das staunenswert offen und rein war, nicht unschuldig, eher pur und unverwandt, wie über die Zeit erhaben, als würde sie nie alt werden. Hier in der Wirklichkeit sah man es plötzlich, das Alter, als ob es langsam aus dem Gesicht hervorträte, oder umgekehrt, als ob das Gesicht einsänke und der Schädel, länglich und grob, allmählich die gelbliche Haut durchbräche. Was weiß ich, vielleicht war es bloß der Tag, die Situation, die banalen Umstände, in denen wir uns befanden, völlig geistlos, es sah aus wie eine Mischung aus Postamt, Bahnhof und einer Bank mit Schaltern und Schlangen und Automaten mit kleinen, tropfenförmigen Zetteln mit Nummern, die unangemeldete Kunden oder Klienten ziehen sollten, um in der unsichtbaren höheren Ordnung mitgezählt zu werden und vielleicht eines Tages Gehör für ihr Anliegen zu finden. Ich musste an den *Prozess* denken, den hatte ich anscheinend also doch noch gelesen, früher oder später, so ist es mit den besten Dingen, selbst dem Leben, plötzlich hat man es hinter sich. Ein Mann mittleren Alters kam raus, stellte sich vor und führte uns an den Schaltern vorbei, einen Gang entlang und in ein kleines, intimes Büro, in dem eine jüngere Frau (vielleicht Lotte Bjørn Pedersen?) bereits in dem intimen Licht einer niedrig hängenden Lampe an einem runden Tisch saß. – Bitte, setzen Sie sich, sagte der Mann. – Danke, sagte ich. Wir nahmen um den runden Tisch herum Platz, und der Mann schenkte aus einer blauen Plastikkanne Wasser in vier kleine weiße Plastikbecher, wie man sie aus Automaten mit billigem Kaffee zieht. – Bitte sehr, sagte er und reichte mir einen Becher. – Danke, sagte ich noch einmal und hob den gefüllten Becher zu einer Art »Skål!«, doch da keiner der drei anderen meinem Beispiel folgte, nahm ich nur einen einzigen Schluck und stellte den Becher wieder in das intime Licht. In der Zwischenzeit hatte Christina Hesselholdt ihre Schultertasche auf den Schoß genommen und geöffnet, und jetzt zog sie ein paar Blätter Papier heraus, legte sie mit der Rückseite nach oben auf den Tisch und stellte die Tasche auf den Boden.

Dann hielt sie die beiden Blätter hoch und räusperte sich. – Ich habe etwas geschrieben, was ich gern vorlesen möchte, sagte sie. Ich war verblüfft. Nicht genug damit, dass sie mich zu diesem höchst originellen Rendezvous eingeladen hatte, sie hatte anscheinend auch eigens für diesen Anlass ein völlig neues Werk geschrieben. – Das müssen wir alle sehen!, sagte der Mann, – ich mache schnell ein paar Kopien. – Nein!, sagte sie, doch da hatte der Mann, er war Psychologe, ihr schon die zwei Blätter weggeschnappt und war den Gang hinunter verschwunden. Einen Augenblick saß die große Autorin ganz steif da, dann bückte sie sich schnell, hob ihre Tasche auf den Schoß, öffnete sie und kramte hektisch in ihr herum, es machte leise »klick«, wie wenn eine Folie platzt, dann flog ihre Hand mit einer kleinen weißen Pille darin hoch, die sie schnell in den Mund steckte, sie räusperte sich und saß wieder ganz steif da. Das ist der Albtraum eines jeden Schriftstellers, der Moment, in dem ein wildfremder Mensch dir plötzlich das Manuskript deines neuen Romans oder Gedichtbands aus den Händen reißt, es ist mit der Hand oder der Maschine geschrieben, du hast keine Kopie und bist nicht so vorausschauend paranoid, dass du, wie ich den großen Krimiautor Anders Bodelsen einmal im Radio habe gestehen hören, es in einem Bankschließfach aufbewahrst. In dem Moment kam der Mann zurück, schloss die Tür hinter sich und verteilte rasch drei Kopien des Werks an jeden von uns gewöhnlichen Lesern und reichte das Original der Verfasserin. – Das war hauptsächlich für mich gedacht, sagte sie. – Nein, nein, sagte der Psychologe, wenn Sie etwas geschrieben haben, müssen wir alle die Gelegenheit haben, es zu sehen. Die große Autorin nickte verdattert, fasste sich an den Mund und räusperte sich. Dann hielt sie die Papiere vor sich hoch und fing an zu lesen. Im selben Augenblick geschah eine Verwandlung. Auf einmal war ihre Stimme viel heller, eine junge Mädchenstimme, ein wenig singend, feierlich, wie die einer richtigen dänischen Autorin, sie hatte die kleine Pille nicht runtergeschluckt, das sah ich, sie lag immer noch, teilweise aufgelöst, als ein kleiner weißer Punkt auf der Zunge. Ich starrte auf den Punkt und versuchte, gleichzeitig zu lesen und zuzuhören. Es war nicht irgendein Roman. Er handelte von mir. Sie kannte mich offensichtlich gut, da standen die peinlichsten intimen Details aus meinem Privatleben, auf die ich hier nicht eingehen will. Aber nicht nur das, sie kannte mich anscheinend besser als ich mich selbst, wie ein echte psychologische Realistin war sie bis ganz dort hinein vorgedrungen, wo ich in gewissem Sinn selbst noch nie war. Da standen Wahrheiten über mich, die mich verblüfften, etwa dass ich Obst in kleine Rationen schneide, die ich im Kühlschrank aufbewahre. Davon hatte ich gar keine Ahnung, aber ich beschloss, dass ich, sobald ich nach Hause kam – falls ich überhaupt jemals wieder nach Hause käme, falls dieses Rendezvous nicht, wie alle großen Rendezvous der Literaturgeschichte, fatal war, der schicksalhafte Moment, die Tür, die sich zu einem ganz neuen Leben öffnet, in dem ich für immer ein anderer wäre –, den Kühlschrank aufmachen und nachsehen würde, ob da wirklich ein Teller oder, wer weiß, vielleicht sogar eine Tupperdose mit Obstschnitzen stand, die ich verschlingen, oder noch besser, für ein andermal aufheben konnte.

Der Psychologe sah mich an. – Was sagen Sie dazu?, fragte er. – Ich?, sagte ich. Ja, was sollte ich sonst auch sagen. Ich war ziemlich verwirrt. Und zugleich euphorisch. Mir war nach Weinen zumute, und Lachen. – Ja, sagte er und lächelte ernst, auffordernd, – was ist Ihre unmittelbare Reaktion? Ich sah auf das Manuskript. Was sollte ich sagen? Etwas über den Inhalt. Oder die Form? Ich stolperte über das Wort »Defensive«, ich musste an Fußball denken, als ich ein Junge war, lag ich jeden Samstagnachmittag auf dem Sofa, das mit seinem kratzigen, pieksigen Plastikbezug eigentlich nicht besonders bequem war, und sah *Fußballtoto*. Auf der anderen Seite des Couchtischs saß mein Vater im Lehnstuhl, schon etwas tiefer gesunken, mit gebeugtem Nacken und ausgestreckten Beinen, ein

Knöchel über den andern gekreuzt. Irgendwann im Lauf des Spiels würde er einschlafen, der Kopf ein wenig auf eine Seite rutschen, die Brille schräg über die Augenbraue hochgedrückt, der Mund würde sich öffnen und kleine Spuckefäden ziehen, die im winterwarmen Schein der Lampe über dem Couchtisch glitzerten. Wenn in einem der elf Spiele, die nicht direkt übertragen wurden, ein Tor fiel, ertönte eine tiefe, dröhnende, aber seltsam tote, bestimmt künstliche Glocke, ein einzelnes »Dongggg«, und der Stand der unsichtbaren Partie erschien unten am Bildrand, Sunderland – Stoke 0:1, und mit einem kleinen, blinkenden Punkt vor der Heimmannschaft, außer das Spiel war vorbei, dann hörte das Blinken auf. Das Wort »Beispiel« kam ganz unten auf der ersten Seite zweimal vor, und ganz oben auf Seite zwei war »gehänselt« mit Kugelschreiber durchgestrichen und am Rand handschriftlich »lustig gemacht« ergänzt, sogar in Druckbuchstaben, von der Autorin selbst, daran bestand kein Zweifel. Aber das würde im Korrekturgang vermutlich geändert werden. Was sollte ich also sagen? Irgendwas werde ich wohl gesagt haben, aber sofern die jüngere Frau an der Tischseite gegenüber es nicht auf dem kleinen Block notiert hat, auf dem sie die ganze Zeit wie eine Journalistin herumkritzelte, sie sagte kein einziges Wort, ist es aus der Geschichte verschwunden.

Und ich? Das weiß ich nicht mehr. Mit Ausnahme der schicksalhaften Begegnung sind der ganze Tag und die Tage um ihn aus meinem Leben verschwunden, und ich müsste sie jetzt und hier noch einmal durchleben, wie ich hinterher auf die Straße trat, zum Beispiel, es war Dezember, der Himmel war schwer und grau, und der Wind warf sich kalt um die Ecke, als hätte er auf der Lauer gelegen. Ich zog den verblassten dunkelroten Wintermantel meines Vaters zu und ging zu seinem Fahrrad, das an der majestätischen Backsteinmauer des Präsidiums lehnte, schloss es auf und radelte in einem jähen Regenschauer gegen den Wind an Lille Triangel vorbei und weiter an den Seen entlang nach Hause.

Ja, am Ende kam ich doch nach Hause, alleine. Die schicksalhafte Begegnung war alles in allem doch nicht so schicksalhaft. Ich ging nicht mit Christina Hesselholdt nach Hause, wir landeten am Ende nicht in ihrem Schlafzimmer, sie sollte nicht plötzlich vom Bett aufspringen und in ihrem grünen Samtkleid aus dem Zimmer rennen und mich auf dem Rücken auf dem Doppelbett liegend zurücklassen in einer Mischung aus Entsetzen und völliger Ruhe, dem Gefühl von etwas Unwiderruflichem, Exzess und Katastrophe, und sie sollte nicht mit nackten Schultern und einem schwarzen BH und Nylonstrümpfen zurückkommen, durch die ich deutlich den mattgrünen

Slip mit kratziger Spitze und Blumen sah, verblüffend kompakt und vollkommen ohne Taille, aber mit mädchenhaft straffen Brüsten, ich sollte ihr nicht im grünen Schein der Glaslampe im Erker zur Straße hin aus *Der Garten Eden* vorlesen und sie nackt den Flur entlanghüpfen hören, unrhythmisch, wie ein Fohlen, das zum ersten Mal auf die Weide kommt, ich sollte ihr nicht Reis servieren und kalten Weißwein aus ihrem Mund trinken oder bis ans Ende meiner Tage sehen, wie sie auf dem Beifahrersitz zu meiner Linken im Auto auf der Fahrt eine endlose einsame sonnenstichheiße afrikanische Wüstenstraße entlang langsam ihre Schenkel zur Seite fallen lässt und eine dunkelrot schimmernde Falte in ihrem Fleisch öffnet und den Kopf in den Nacken legt, mit offenem Mund und einem Blick, der überläuft und in sich selbst versinkt, und ich sollte sie später nicht, nie, nie, über den brennend heißen weißen Kühler des zufällig stillstehenden Autos beugen und ihr Kleid über den weißen weißen Hintern streifen und von hinten in sie eindringen und dabei über ihren Kopf weg und weiter über die sonnenversengten, endlos flachen afrikanischen Felder zum Horizont sehen und ein einzelnes weißes Haus, ein kochender Würfel, der in der flirrenden Hitze verschwimmt, ich sollte nicht aus dem Schneetreiben in ihr Arbeitszimmer kommen und sie in der Dämmerung wie ein Troll in einem großen graubraunen Pullover und mit schriftumstobenem Haar vorm Monitor sitzen sehen und sich hastig die dicke Brille von der kleinen, flachen Nase ziehen, ehe sie sich zu mir umdreht, nicht sehen, wie sie eines späten Nachts in einer Kneipe auf mich zuwankt und durch den Lärm der Karaokemaschine ihren warmen Rotweinatem an mir anlehnt und »egal-was-passiert-werden-wir-Freunde-bleiben« ruft und spüren, wie das ganze Universum, die Existenz, all das, was war und je sein wird, zu rotieren beginnt, schneller, schneller, schneller, bis am Ende nichts bleibt als Eingeweide und blind würgende Übelkeit, ich sollte kein Milchpulver kaufen oder »die Reiseschuhe schnüren« sagen oder ihre flachen Teller mit dem blauen Rand spülen oder mitten im weißen Nichts der Telemark anhalten und mich umdrehen und bis ans Ende meiner Tage sie vornübergebeugt im Schneegestöber sich die Steigung hochkämpfen sehen oder hinter ihr durch den Qualm ins Wohnzimmer ihrer Mutter kommen und sie »hej hej« sagen hören mit einer Stimme, die auf einmal einer völlig anderen gehört, dem kleinen Mädchen, das ich nie kannte, oder unten im Hof vom Fahrrad springen und wissen, wenn ich aufschaue, sehe ich das unheimlich leuchtende Feld des Schlafzimmers und das Fenster, das immer, Sommer wie Winter, sperrangelweit offen steht, oder vergessen, dass ich sie jemals geschlagen habe und sich wie von einem Zauberschlag in eine andere verwandeln sah, grimmig, grau und gierig vor Hass, oder an einem scheinbar ganz zufälligen Nachmittag im Planetarium kalkuliert vor ihr auf die Knie sinken und zu ihr aufsehen und sie mir antworten hören mit einer Stimme aus einer ganz anderen Zeit, die Fünfziger, Morten Korch und *Die roten Pferde*, als wäre es der große Augenblick ihres Lebens, oder sie mit ihrem seltsam wasserköpfigen Vater untergehakt und Blumenkranz in ihrem kindlichen Haselnusshaar den Mittelgang entlangschreiten sehen oder plötzliche Verachtung oder geradezu Hass spüren, Verdammnis und unwiderruflich wachsende Einsamkeit, wenn sie tief in der Nacht plötzlich, schwankend, eine Zigarette anzündet und mich durch den Rauch mit dem zugleich spielerischen, gleichgültigen und furchtlosen Blick einer Fremden betrachtet, das sollte ich nicht, nie, und letzten Endes war es wohl auch das Beste, für alle Beteiligten, nicht zuletzt ... Herrgott, was, wenn sie Ja gesagt hätte.

DIE ZWEI KÖRPER DES ALTEN KÖNIGS

Ich habe beschlossen, nicht über Klaus Rifbjerg, den König unter den Autoren unseres Landes, zu schreiben. Kein Wort. Egal, ob ich ihm nun begegnet bin oder nicht. Und wer ist das nicht? Er ist überall. Man kommt nicht an ihm vorbei. Kaum stellt man das Radio an oder schlägt die Zeitung auf: da ist sie, diese unverkennbare *Stimme*. Vielleicht ist das hier meine kleine Chance. Mein Leben. Wer weiß, aber wenn meine Geschichte jemals an den Punkt kommen sollte, dass sie gedruckt wird, muss ja wohl nicht auch hier noch Klaus Rifbjerg stehen? Das tut er eh schon überall, und dagegen ist nichts zu sagen, er ist ein älterer Herr, er hat, mehr als jeder andere dänische Schriftsteller seit H. C. Andersen, das Seine zur Abholzung der Wälder in aller Welt beigetragen. Aber darum muss er sich ja wohl nicht auch noch hier, in meine kleine Erzählung reindrängeln, in der's sowieso schon ziemlich eng zugeht, und die ganze Aufmerksamkeit an sich reißen. Es ist doch so. Wo Klaus Rifbjerg hinkommt, werden alle anderen – Schriftsteller sowie Dänen im Allgemeinen – zu Nebenpersonen, Zuschauern, Lesern, Zuhörern reduziert. Klaus Rifbjerg kommt mir nicht ins Haus. Das hat er nie, und das soll auch so bleiben.

Falls *ich ihn* besuchen würde, dann an einem Tag, an dem er nicht da ist. Nur das Haus. Und die Dinge darin. All die kleinen Dinge, die er selbst nicht erwähnt, aber nichtsdestoweniger da sind. Nicht die schmutzigen, peinlichen, enthüllenden, unverzeihlichen, sondern bloß die kleinen, ganz unbedeutenden Dinge, die niemand, nicht mal er selbst, bemerkt, sondern nur ich, und die ich in meiner Gedankenlosigkeit oder Einfalt vielleicht sehe und an mich nehme. Klaus Rifbjerg hat, wie jeder weiß, viele Häuser, und keins davon ist *das Haus*, das existiert nur in seiner Erinnerung, und, natürlich, in der Literatur, der dänischen Literatur. Dieser Tage geistert er herum, haust, lebt und arbeitet er nur in den gewöhnlicheren oder, im Gegenteil, ungewöhnlicheren Häusern. Dem Haus in Spanien, dem Haus in Skagen, dem Haus in Rørvig usw. Eins von ihnen liegt tatsächlich, früher oder später, gleich hier um die Ecke, drüben auf der anderen Seite der Grenze zum noblen Fredriksberg. Eine Herrschaftswohnung, hab ich mir sagen lassen, im ersten Stock eines etwas piefig blassgelben, aber recht vornehmen Anwesens im Forchhammersvej. Das ist wahrscheinlich unmöglich, aber man könnte es ja probieren.

»Rifbjerg« steht auf einem der kleinen weißen Schilder, die an der senkrechten Reihe von Metallknöpfen hinunter hinter je ein Plastikfensterchen geklemmt sind. Nur »Rifbjerg«. Damit ist alles gesagt. Eigentlich ist es bereits zu spät, aber sei's drum. Ich drücke auf den Knopf. Und warte. Es regnet, nicht heftig, nur ein leichter Nieselregenteppich, den der Wind zwischen den Häusern ausschüttelt. Oder eher Anwesen. »Widerrechtlich abgestellte Fahrräder werden entfernt« steht auf einem recht hübschen kleinen Schild, das dicht an die tatsächlich piefiggelbe, aber sehr gepflegte Fassade geschraubt ist. Die blaue Emaille mit den weißen Buchstaben glänzt in der nieselfeuchten Luft. Ich trete ganz ins Trockene in der Türnische und konzentriere mich auf den kleinen Metallknopf, den ich vor mindestens zwanzig, vielleicht bald dreißig Sekunden gedrückt habe. Und nichts ist passiert. Einen Augenblick erfüllt mich Hoffnung, nein, weit mehr, eine sprudelnde, singende Freude, vielleicht eher ein Triumphgefühl: Ha!, denke ich, jetzt hab ich dich, du alter Großschwätzer, du kannst nicht überall sein!

Dann kommt es: »Jaaaaah?« Sonst nichts. Nur »Jaaaaah?« Und schon ist alles zunichte, »Jaaaaah?«, jetzt macht er sich schon breit, »Jaaaaah?«, mit dieser unverkennbaren Stimme, tief, knarrend und singend zugleich, wie ein großer, alter Baum, der sich im Wind wiegt, »Jaaaaah?«, ein Ent, ein sprechender Baum, der sich beugt und versucht, den kleinen Hobbit zu sehen, der tief da unten in seiner kurzen Sekunde auf der Erde kauert, »Jaaaaah?«. Es summt, und ich gehe hinein. In so einem Frederiksberg-Treppenhaus hat es reichlich Platz, hier könnte locker eine ganze Romafamilie mit Lagerfeuer, Lastenfahrrad, Tüten mit leeren Flaschen und kilometerweise aus dem dänischen Untergrund gewonnenem Kupferdraht wohnen. Einen Augenblick bleibe ich gleich hinter der Tür stehen, nur um das Unvermeidliche hinauszuzögern. Vergeblich. »Rifbjerg« steht mit speziell gedruckten oder sogar handgemalten Buchstaben auf einer mit Schnitzarbeiten verzierten Holztafel, auf der die Initialen und Nachnamen der einzelnen Herrschaften entsprechend ihrer Platzierung in der Ordnung des Hauses in ihre jeweils eigene, lackierte Leiste geschoben sind, Regild, Fugmann, Thornhøj Pedersen und 1. r.: »Rifbjerg«. Ich gehe die Treppe hoch, und da steht er, einladend, den Schatten bis tief ins Treppenhaus geworfen, leicht vornübergebeugt, lauschend, ein großer, alter Baum. Er sagt etwas, aber ich höre es nicht, mir reicht schon *die Stimme*, wir können hier nicht auch noch diese unverkennbare *Sprache* brauchen. Er macht die Tür hinter mir zu und verharrt dort und nimmt sogar meinen Anorak und versucht, ihn auf einen Bügel zu hängen. Anoraks auf Bügeln, das ist gar nicht so leicht. Alt ist er geworden, es muss mehrere Jahre in der Zukunft sein. Oder vielleicht ist es schon lange her, das haben wir nicht in der Hand, weder er noch ich. Er füllt seine Rinde nicht mehr richtig aus, das ganz eigentümliche Rifbjerg'sche Profil, die Jacke sitzt ein wenig lose, und die Cordhosenbeine bauschen sich wie hellbraune Gardinen während des Kampfs mit dem Bügel weiter oben. Die Tür zu den Gemächern steht offen. Er ist anscheinend allein zu Hause, oder vielleicht ist er jetzt einfach allein, endgültig allein. Wir geben es auf, ich lege den Anorak in einem Haufen auf meine Joggingschuhe, und er geht vor mir in die Gemächer. Auf einem großen, runden Esstisch in der Mitte des ersten Zimmers steht eine Schale Obst. Schon lange. Ich nehme mir eine leberfleckige Banane und stecke ein paar Walnüsse in die Hosentasche. Die kann man immer gut brauchen auf der weiteren Wanderung ins Ungewisse. Im nächsten Zimmer bleibt er stehen, die Cordhosen schlackern, er sagt etwas, aber das hören wir nicht, und deutet auf einen Sessel am Ende des Couchtischs. Dort soll ich sitzen! Er glaubt immer noch, er hätte das Sagen! Aber gut, ich setze mich, und er verschwindet durch Zimmer und Flure in ein fernes Jenseits, und ich bin allein mit den Dingen. Hier ist alles genau, wie man's erwartet, was soll ich sagen, Parkettboden und Teppich, Couchtisch, Sofa, Sessel, Fernseher, hohe Decken und Bilder an den Wänden. Aber das ist ja nicht *das*. Ich kann mich umschauen und ihn zurückkommen und erzählen lassen, aber was nützt das schon, das haben Hunderte, Tausende, Generationen vor mir getan, das, was man aus ihm rauskriegen kann, ist längst zutage gekommen, da gibt's nichts mehr zu holen, ich muss warten, bis es mir – ganz zufällig, und als wär's das Allergleichgültigste – einfällt. In der Zwischenzeit sitze ich einfach hier und schau mir ein bisschen die Malereien an. Sie stellen ihn dar. Tun es aber nicht. Es ist nicht gerade große Kunst. Aber er sieht trotzdem zufrieden aus, er, der dann doch nicht er ist. Dann kommt er wirklich, von tief aus den fernen Gemächern höre ich das Klirren des Tabletts, ein kultiviertes Klirren, kein volksnahes wie auf den Fähren. Er bleibt vor dem Couchtisch stehen. Dann, wie ein mächtiger, alter Schlagbaum, beugt er sich, setzt das Tablett ab und stellt die Untertassen mitsamt Tassen auf den Tisch, wieder dieses Klirren (als ob ein Beben im Innern des Kerns durch die Schichten nach außen wanderte), und schenkt mir in meine ein. Nicht meinen, es ist kein Becher, sondern eins dieser dünnwandigen, nach außen gewölbten Gefäße, in denen man bis Mitte des vorigen Jahrhunderts Tee servierte, mit gemalten Blümchen und einem zierlichen

Henkel, in den ich den Zeigefinger stecken kann, was ich auch tue. Er setzt sich in den Sessel am anderen Ende des Couchtischs. Da ist sie wieder. Die Stimme. Ein großer, alter Baum, der im Wind knarrt. Mächtig beruhigend, eigentlich, ich muss ja nicht zuhören. Ich weiß, was er sagt. Jeder weiß es. Und falls nicht, kann man ja einfach den Arsch heben und eins der Bücher im Regal aufschlagen. Währenddessen überlege ich, wie ich tiefer vordringen kann. Und plötzlich hab ich's. Wasser! Wasser? Das hat er jetzt nicht mitgebracht, hat noch nicht mal dran gedacht. Er entstammt offensichtlich einer Zeit, in der Wasser noch nicht so wichtig war, als die Handtaschen der Damen kleiner waren, weil sie – neben Lippenstift, Puder, Klappspiegel und Binde – beim Ausgehen nicht auch noch einen halben Liter Wasser dabeihaben mussten. – Bleib ruhig sitzen, ich geh selber und hol mir welches. Kommt nicht infrage, er besteht drauf, er stemmt die beiden großen, adrigen Hände gegen die Armlehne und hebt den ganzen Rifbjerg'schen Korpus und macht sich auf die lange Wanderung nach Wasser. Und ich ... husche ihm hinterher, wie ein kleiner Hauch. Im Vorbeigehen nehme ich ein paar Walnüsse aus der Schale und stecke sie ein, die kann man unterwegs immer gut brauchen. Wir gehen durch ein Zimmer in einen schmalen Flur, dort ist eine geschlossene Tür, eine zweite steht zu einem kleinen

Schlafzimmer offen, nichts Besonderes, es ist nicht *das*. Aber jetzt kommt's: das Wasser. Natürlich! Was hab ich gesagt. Er nimmt ein Glas aus dem Schrank, direkt vor ihm, man braucht sich nicht bücken, und dann – nein, nein, er geht nicht zur Spüle und dreht das kalte Wasser auf und lässt den Hahn los und hält einen großen, alten Zeigefinger unter den Strahl, um die Temperatur zu beurteilen – nein, er geht zum Kühlschrank, der ist auch beeindruckend, eine Säule, wie man sagt, so groß wie er selbst, und dann – nein, nein, er macht nicht die Kühlschranktür auf, er hält bloß inne und steht schwankend mit leicht gebeugtem Kopf, als wollte er die Stirn an die weiße Tür lehnen und tief seufzen, aber auch das tut er nicht, er hält das Glas in eine kleine, links unten in die Kühlschranktür eingelassene oder gefräste Nische, und drückt oben auf einen Knopf, und dann kommt es, das Wasser, in einem klaren, dünnen Strahl, als wäre es etwas ganz Besonderes, die Quelle selbst vielleicht. Ich bemerke das. Aber er anscheinend nicht. Er macht es einfach. Während das Wasser ins Glas läuft, wende ich mich der Küchenzeile zu. Auf dem Herd steht eine Bratpfanne, so eine kleine, neue, mit Teflon. Er hat Champignons und Zwiebeln angebraten, sehe ich, gestern, sehe ich, die Margarine, oder wohl eher die Butter, ist matt um einen störrischen Rest gebräunter Zwiebeln erstarrt, und es duftet ganz zart nach verbranntem Fleisch. Im Küchenfenster steht eine Reihe großer Gläser mit Deckeln; in einem von ihnen sind Mandeln, große, ungleichmäßige, saftig hellbraune Mandeln, wahrscheinlich aus »dem Haus in Spanien«. Ich lüpfe den Deckel und nehm eine Handvoll, steck eine in den Mund und den Rest in die Tasche, die kann man immer gut brauchen. In meinem Rücken redet die Stimme, sagt, was sie nun mal sagt, und das ist eine ganz schöne Menge, es gibt nichts mehr zu sagen, schon seit ich ein Junge war, aber wir sind noch hier, der Baum und der kleine Hobbit, und der Baum muss reden, der redende Baum, er knarrt singend, das, was geschehen ist, ist vor so langer Zeit geschehen, es ist schon längst sowohl geschrieben als auch gesagt, geschrieben und gesagt, geschrieben und gesagt, mit dieser ganz eigentümlichen Stimme und dieser unverkennbaren Sprache, die reicher und empfänglicher und großzügiger ist als jede andere lebende Sprache in der dänischen Sprache seit Andersens *Der kleine Claus und der große Klaus*. Aber ich bin nicht deshalb gekommen. Und auch nicht wegen des Wassers, obwohl das an und sich schön war, der Apparat, das hat mich überrascht, mehr als die Stimme, und die ganze Szene, ich hätte sie nicht missen wollen, und ich wäre ein Lump, wenn ich mich nicht bedanken würde, – danke, sage ich und strecke die Hand aus, aber wieder, er besteht darauf, da ist nichts zu machen, er bleibt fest, sein Wille geschehe, und trägt das Glas vor mir den ganzen Weg durch den Flur und das Zimmer mit dem Esstisch, doch diesmal, nur dieses eine Mal, werfe ich nur einen Blick drauf, die Schale mit dem alten Obst und, nicht zuletzt, den Walnüssen, die kann man immer gut brauchen. Er beugt sich, wieder: wie ein mächtiger, alter Schlagbaum, und die Jacke oder der Cardigan, oder was immer es ist, schwingt unter ihm vor wie der ausgeleierte Bauch einer alten Sau, die Hunderte Ferkel in die Welt gesetzt hat, stellt das Glas Wasser vor meinem Sessel auf den Tisch und richtet sich auf, das braucht seine Zeit, und geht rüber zu seinem eigenen Sessel, beugt sich und legt eine Hand auf eine der Armlehnen, dreht sich und senkt das ganze große Lebenswerk in die Tiefe des Sessels hinunter. Und hier sitzen wir wieder. Genauso weit wie vorher. Er redet, und ich sage auch meinen Teil, mit meiner dünnen, leicht scharfen, nasalen und eifrigen Stimme. Aber das ist es ja nicht. Es ist mir noch nicht eingefallen, und jetzt hab ich auch keine Ideen mehr, Wasser hab ich ja schon bekommen, und Brot – das wär bloß derselbe Weg, durch das Zimmer und den Flur in die Küche, und da waren wir ja schon, und das Schlafzimmer, da will ich nicht rein, schon der Gedanke macht mich ganz verzweifelt, die kleinen Dinge da drinnen, Pillen vielleicht, Staubmäuse, der schwache oder von Nacht zu Nacht stärkere Geruch eines anderen, eines älteren, eines alten Menschen, er, ja, aber nicht nur er, jeder alte Mensch, das ertrage ich einfach nicht. Was machen wir also? Er redet, dabei *gibt* es nichts mehr zu sagen, und er wird so lange damit weitermachen, bis er nicht mehr kann. Dann haben wir endlich Ruhe, und Platz, dann können wir anderen uns auch mal entfalten. In der Leere.

Am Ende kommt es ganz von allein: die gute alte Ordnung der Natur, der Tee und das Wasser, eins führt zum anderen, den Weg müssen wir alle mal. Könnte ich vielleicht kurz ... Natürlich! Er ragt hoch auf, oh ja, aber im Schatten seiner Krone ist Platz für noch das geringste menschliche Bedürfnis. Und diesmal darf ich selbst gehen, alleine. Ich weiß, wo es liegt, das kann man sich ausrechnen, wenn man genügend lange in genügend vielen Häusern auf der Welt war. Ich stehe auf und gehe durch die Zimmer, auf dem Weg lange ich geschwind in die Schale und stecke ein paar Walnüsse ein, die kann man immer gut brauchen für den weiteren Weg, in die Diele, in der alles begann, und dann nach rechts. Da liegt es. Es ist ganz neu, wie aus der Bäder-für-bessere-Leute-Broschüre rausgerissen und in den Rumpf des bestimmt achtzig Jahre alten Anwesens eingepasst. Hier kann's unmöglich was zu sehen geben. Ich mache die Tür hinter mir zu und drehe den Schlüssel um, und da ist es. Und es ist nicht *das*, es hat nichts mit ihm zu tun, es ist was ganz Persönliches und hat hier also eigentlich gar nichts zu suchen, aber es ist nun mal hier, ich kann's nicht ändern, und ich kann's nicht erklären, und ich weiß nicht, woher es kommt, vielleicht ist es die Obdachlosigkeit, ein Trauma oder der Traum, den ich nie hatte: Jedes Mal, wenn ich irgendwo auf der Welt eine Toilette betrete, egal, wie öffentlich und unappetitlich und stinkend fremd sie auch sein mag, und ich die Tür hinter mir zumache und abschließe, steigt in mir ein Gefühl unsagbarer Erleichterung und Wärme auf, ich könnte weinen, ich könnte mich auf dem Boden zusammenrollen und schlafen, und ich wünschte, ich könnte einfach nur hierbleiben, es ist, als wäre ich endlich nach Hause gekommen! Aber das ist ja nicht das, weswegen ich gerade hier bin, das ist etwas, was ich ganz allein tragen muss. Entschuldige. Ich klappe den Sitz runter, öffne den Gürtel, streife die Hose und die Unterhose zu den Knöcheln runter und setze mich. Und hier sitze ich also. Hierhin hab ich es also in meinem Leben gebracht. Im Gegensatz zu ihm. Er sitzt drinnen im Wohnzimmer wie ein zivilisierter, ein würdiger Mensch, inmitten der ganzen Sprache, die er selbst in die Welt gesetzt und aufgetürmt hat und die überall im Land die Regale füllt. Eigentlich muss ich bloß pinkeln, ich könnte es schon längst erledigt haben, ich hab keine Zeit zu verlieren, wenn ich noch hoffen will, jemals mit und neben ihm auf eine Höhe zu kommen. Und jetzt sitz ich hier. Ich starre vor mich hin. Nichts. Wobei ... Es gibt zwei Klopapierrollen. Nicht wie in manchen, vielleicht den meisten anständigen, bürgerlichen, gepflegten Gästetoiletten, eine am Klopapierhalter und eine andere, noch unbenutzte, hochkant oben auf der Fensterbank. An der blitzneuen weißrosa Fliesenwand zu meiner Rechten sind zwei Klopapierhalter nebeneinander montiert, jeder mit einer eigenen Rolle. Ich versteh's nicht. Ich versteh's einfach nicht. Beide sind in Gebrauch, nicht jetzt natürlich, im Augenblick sitz ja nur ich hier und ... das hoff ich doch jedenfalls?! Ich dreh mich um und, ja, Gott sei Dank, hier ist sonst niemand, und ich hab beide noch nicht mal angefasst, und werd es vielleicht auch gar nicht, ich muss ja nur pinkeln. Was ich meine, also, der Punkt ist: Sie sind beide in Gebrauch, das erste Blatt der Rolle wurde nicht nur behutsam von ... wem? Dem Besitzer, Rifbjerg persönlich? Hat er selbst etwa, oder wohl doch eher eine seiner Töchter, die da war, oder die Putzfrau, hat er eine Putzfrau?, eine polnische oder philippinische oder thailändische, vorsichtig die verklebte Vorderkante des äußersten Blattes gelöst, sodass der Benutzer, der Gast, also ich, denke ich, aber andererseits, hier riecht es ein ganz klein bisschen streng nach Urin, dunkelgelbem Urin, denke ich, wie im Badezimmer meines Großvaters in Tønder, damals, als er achtzig geworden war und allein und nicht mehr in der Lage, mit derselben Präzision zu treffen wie in seinen Glanzzeiten als Kommunaldirektor in der Kommune Tønder, es kann also gut sein, dass er selbst, also Rifbjerg, der König persönlich, nicht nur die königliche *Stimme* oder die königliche *Sprache*, sondern der ganz eigentümliche und unverkennbare königliche Körper, der königliche *Korpus* von Zeit zu Zeit hierherkommt und sich, wohlgemerkt, nicht wie ich hinsetzt. Im Badezimmer meines Großvater gab es eine von diesen mintgrünen – aber sie konnten auch rosa oder hellblau oder sogar hellgelb oder geblümt sein – Frotteematten in Form eines U, die so hingeschoben lagen, dass sie sozusagen sanft die Kloschüssel umschlossen, weich und warm, um die nackten Füßchen draufzustellen, aber auch sehr empfänglich für jeglichen Mangel an Präzision. Aber davon ist man zum Glück bestimmt abgekommen, jedenfalls liegt hier unter meinen Füßen keine Matte, und darum ist auch nur von einer ganz leichten Ahnung die Rede, beinahe nur ein Duft, aber er ist da, und das reicht schon. Plötzlich kann ich es einfach nicht ertragen. Nicht den Geruch, nicht das Allzumenschliche, sondern das Unerträgliche: dass dieser Mensch verfallen soll, nicht bloß altern, sondern alt werden und eines Tages plötzlich fort sein. Vielleicht ist das hier der letzte Moment. Jetzt, jetzt muss ich da sein, bei ihm, und ihn sehen und ihm zuhören, jetzt, solange er immer noch da drinnen sitzt in all seiner Landesväterlichkeit. Und ich sitze hier. Ich versteh's nicht. Ich starre auf die zwei Klopapierrollen schräg vor mir an der Wand, und ich verstehe nichts. Ludvig hieß er, Ludvig Nielsen, nicht Beck, das war der Mädchenname meiner Großmutter. Als er eines Tages plötzlich allein war, packte ich meinen kleinen Rucksack, stellte mich an den Autobahnzubringer und fuhr per Anhalter runter zu ihm ins Grenzland. Ich hatte ihn mein ganzes Leben gekannt, aber ich war nie mit ihm alleine gewesen, hatte ihn nie wirklich gesehen oder ihm zugehört. Und jetzt war plötzlich der letzte Augenblick. Ich war der Einzige in unserer Familie, der es tun konnte. Die anderen hatten ein Leben, eine Arbeit oder eine Ausbildung, Kinder, Häuser und Autos, die gewaschen werden mussten. Ich war der Einzige, der in Vollzeit verzweifelte, und das kann ich praktisch überall machen, solange es bloß eine Toilette gibt, in der ich von Zeit zu Zeit die Tür hinter mir zumachen und ihn spüren kann, den kurzen Augenblick der Gnade. Ich zog zu ihm in sein kleines Reihenhaus und fiel aus dem Leben, das ich sowieso nicht zu leben verstand, in die seltsame Zeitlosigkeit, die dort im Grenzland herrscht. Nachts lag ich auf dem Sofa im Wohnzimmer, wo meine Großmutter die letzten vielen Monate gelegen hatte und Tag für Tag, schneller und schneller von dem verzehrt wurde, was lebenskräftiger ist als das Leben, bis sie zuletzt nichts war als Pergament und zwei leuchtende, lebendige Augen. Ich horchte auf das schwere, hinkende Federticken der Bornholmer Uhr, und wenn das Winterlicht endlich wie Feuchte durch die Gardinen hereinsickerte, stand ich auf und ging hierher. Ich hielt die Luft an, ich hatte absolut keine Lust, mich hinzusetzen, es war viel schlimmer als hier, das hier ist nur der Anfang, nicht zuletzt wegen der mintgrünen Matte, die fein säuberlich alles aufsog und es bewahrte, als ob es das wahrhaft Unwiederbringliche wäre. Ich erledigte, was zu erledigen war, ging raus und zog mich an, kippte Wasser in die Kaffeemaschine und Kaffee in den Trichter und deckte den Tisch. Und den Rest des Tages war ich zusammen mit ihm. Ich wurde eigentlich nicht gebraucht, auch hier nicht, er konnte sich immer noch selbst waschen und anziehen, die nötigen Mahlzeiten zubereiten. Ich versuchte einfach, da zu sein, ein bisschen mit ihm zu leben, solange er noch hier war. Nach dem Morgenkaffee machten wir einen Spaziergang zum Friedhof, setzten uns auf die Bank am Grab meiner Großmutter und sahen auf den Grabstein, den feuchten Rand unter ihrem Namen, – jeden Tag, sagte er, – auch wenn es nicht geregnet hat. – Wie wenn der Stein oder der Name weinen, sagte ich. – Steine weinen nicht, sagte er. – Nee, sagte ich. Es kam vor, dass er für irgendeine Kontrolle ins Krankenhaus musste, dann ging ich mit und saß im Wartezimmer und starrte in die Luft, bis es überstanden war und wir nach Hause konnten. Es ging langsam, viel langsamer, als ich gewohnt war, so langsam, dass es bald keine Zeit mehr gab, keine Zeit zu verlieren und keine zu gewinnen. Wieder zu Hause standen wir nebeneinander in der kleinen Küche und schmierten jeder sein Brot, Leberpastete, gerolltes Bauchfleisch oder Kümmelkäse, und aßen jeder von seinem kleinen Brett an dem Tisch im Wohnzimmer. Dann ließen wir uns in den schweren hellbraunen Ledermöbeln nieder und ich packte das Tonbandgerät aus und richtete das Mikrofon auf ihn. Er sollte erzählen, seine Geschichte, jetzt, im letzten Augenblick, solange wir noch hier waren. Erzähl!, sagte ich. Er sah auf das Mikrofon, lange, mehrere Minuten. Aber er sagte nichts. Als ob da schlicht nichts gewesen wäre, kein Leben, keine Geschichte, keine Irrtümer, keine Reue, Verliebtheiten oder plötzliches Glück, aber auch keine Trauer, kein Verlust und keine Verzweiflung. Ich konnte es nicht glauben. Ich hatte mich noch keine dreißig Jahre durch mein Leben gebahnt, hatte weder geheiratet noch Kinder bekommen, und doch wusste ich schon, wie zugleich unwiederbringlich und unerträglich, katastrophal peinlich und intensiv jeder einzelne Augenblick ist. Er hatte ein ganzes Leben zugebracht, mehr als achtzig Jahre, da müsste es genug Erzählungen für hundertundachtzig Bücher geben. Dein Leben, sagte ich, die Dinge, die du gemacht hast! – Das war halt das, was vorlag, sagte er. – Es muss doch Situationen gegeben haben, wo du die Möglichkeit hattest, etwas zu tun, es aber nicht getan hast, sagte ich, etwas, was du bereut hast? – Nee, sagte er, nicht so was, das hat nicht vorgelegen. Als hätte es keine Wahl, aber auch kein Schicksal gegeben. Er sah auf das Mikrofon. – Wie war das, wollten wir nicht eine Tasse Kaffee trinken, sagte er. – Kaffee?, sagte ich. Ich konnte das nicht begreifen, und werde es vielleicht nie. Ich starre auf die zwei Klopapierrollen, aber es nützt nichts. Nicht nur, dass das äußerste Blatt jeder der beiden Rollen vorsichtig gelöst worden ist (von wem auch immer, der Putzfrau, der Tochter oder dem König selbst, es sähe ihm andererseits aber auch ähnlich, er ist so unglaublich aufmerksam, großzügig, ist selbst den ganzen langen Weg in die Küche gegangen und hat mir Wasser geholt und sogar noch den ganzen Weg zurück ins Wohnzimmer getragen, nur meiner kleinen Wenigkeit zuliebe), damit der Gast nicht unnötig lange hier draußen sitzen und rumfummeln muss und vielleicht, falls er oder sie nicht so geschickt ist, statt das Blatt zu lösen, aus Versehen einen dünnen Streifen der Vorderkante abreißt und in seiner Verzweiflung, weil es peinlich ist, so lange hier draußen zu hocken, während *er* ganz alleine drinnen sitzt (und denkt, ja, weiß Gott, was er denkt, wohl doch nicht plötzlich etwas ganz Neues?!) zu rupfen beginnt und plötzlich mehrere kleine Streifen und Fetzen abgerissen hat, nicht bloß das erste Blatt oder die erste Schicht, sondern auch von den Schichten darunter, sodass auf dem Boden unter dem Klopapierhalter jetzt schon ein ganzer kleiner Haufen oder eine weiße Wolke von Flusen liegt, und das alles nur bei dem vollkommen banalen Versuch, das erste Blatt loszukriegen, damit er oder sie daran ziehen und sozusagen Schwung in die Sache kommen und die Rolle auch wirklich eine Rolle werden und man auch mal drei, vier, fünf Blätter, sechs, vielleicht, abrollen kann, manche, zum Beispiel die Mutter meines einmal zukünftigen Sohnes, nehmen eine ganze Menge auf einmal, sie wickelt sie um ihre rechte Hand, sodass sie, die Hand, nun selbst eine Art lebende Klorolle wird, ehe sie endlich die Verbindung, die kleine weiße Hängebrücke zwischen den beiden Rollen, abreißt. Nein, *beide* Rollen direkt vor meiner Nase sind in Gebrauch, die eine – die am weitesten weg ist, seltsamerweise – mehr als die andere. Aber von wem? Welcher Mensch ist so groß oder breitärschig oder facettenreich, dass er oder sie *zwei* Klopapierrollen gleichzeitig braucht? Doch wohl nicht er? Rifbjerg? Aber warum hängen sie dann *hier draußen*, auf der Gästetoilette? Die ist doch wohl hauptsächlich für die Gäste gedacht, nicht nur mich, sondern auch all die anderen größeren oder kleineren (falls es die gibt) Autoren unseres Landes und ihre Frauen oder Männer oder Liebhaber und Kinder und wohl längst auch schon Enkelkinder, die das letzte Menschenalter hindurch früher oder später hier ihren Besuch bei »Rifbjerg« abgestattet haben? Es sei denn, dass er selbst, also Rifbjerg, in seiner lebenslangen Trauer darüber, *das Haus* verloren zu haben, inzwischen so viele Häuser überall in Dänemark und Europa hat, dass er sich in keinem von ihnen richtig zu Hause fühlt, zumindest nicht hier. Ich begreif's nicht. Das geht über meinen geringen Verstand. Ich schaff es nicht. Ich geb auf. Wenn's wirklich drauf ankommt, versage ich, ich schaffe es nicht, ich reiche nicht aus. Auch diesmal nicht. Nach einem halben Jahr, oder vielleicht waren es nur ein paar Wochen, packte ich das Mikrofon und das Tonbandgerät in den Rucksack und verließ ihn, ging zur Landstraße, streckte den Daumen raus und trampte zurück in die Großstadt und die Obdachlosigkeit. Und so geht es in einem fort, das Unerträgliche und Unwiederbringliche gehen einfach weiter, auch nicht einen Augenblick hat etwas einfach nur vorgelegen, alles, selbst die geringste Kleinigkeit, hat immer auf Messers Schneide gestanden, getanzt und gezittert und nach Handlung, Erklärung geschrien, wie jetzt ... ich kann nicht mehr.

Der einzige Ausweg, die einzige Lösung dieses königlichen, also Rifbjerg'schen, Rätsels ist, dass ich das nächste Mal, wenn ich muss, darum bitte, ob ich, oder einfach still und leise, wie mit den Walnüssen, mich hineinstibitze in das andere, privatere, das *eigentliche* Bad, das sich noch weiter in den Tiefen der Wohnung befinden muss, hinter der geschlossenen Tür vielleicht, tief, tief im Rifbjerg'schen Innern. Der Thron, sozusagen.

Aber das muss auf ein andermal warten. Nicht jetzt. Das verkraften wir nicht. Nicht noch eine Runde Tee und noch eine lange Wanderung nach Wasser. Lieber ein anderes Mal. Falls es eins gibt. Falls das hier nicht wirklich, noch einmal, meine große Chance war. Mein Leben.

FÜR MEINE TOCHTER

– Und wer ist der zwölfte?, fragt sie. – Der zwölfte?, sage ich. – Ja, hast du nicht gesagt, dass du zwölf großen Autoren begegnet bist? – Ich habe nicht gesagt, dass sie groß waren, nur, dass ich ihnen begegnet bin. – Ach so, sagt sie. Das ist meine Tochter. Denn eigentlich erzähle ich das alles hier ja ihr. Wir machen zusammen einen kleinen Urlaub. Das einzige Mal, dass wir zwei allein in die Ferien gefahren sind, nur sie und ich, seit ich irgendwie alles hinter mir gelassen habe. Noch liegt diese Reise ein paar Jahre in der Zukunft. Wie auch ein paar der Begegnungen, von denen ich hier erzähle. Etwa diese hier. Also recht besehen ist es vielleicht auch kein Urlaub. Eher ein kleiner Ausflug vielleicht. Ich habe den Bummelzug von Hillerød genommen und bin am Bedarfshalt Østerbjerg ausgestiegen. Mit dabei habe ich das Fahrrad meines Schwagers, das ist jetzt meins, auf ihm bin ich durch Tømmerup geradelt, vorbei an der Scheune mit den vielen Pferden, die immer in einer großen Matschpfütze herumstapfen, weiter den Weg entlang, wo sich mit einem Mal alles weitet und man in der Ferne von den gelben Feldern hinter Torup die drei großen Windräder aufragen sieht, dann macht der Weg eine Biegung, vorbei an dem großen Stein, wo wir ihren kleinen dunkelblauen Pulli vergessen hatten, den sie mal von meiner Mutter bekommen hat, mit Reißverschluss und Kapuze, durch das Kiefernwäldchen, vorbei an Rosenholm Camping und dem Kornfeld, in dem zu dieser Zeit immer der Mohn leuchtend rot flimmert, dann der kurze Stopp an der Hauptstraße in Amager Huse, hier muss man gut aufpassen, und dann noch das lange, zähe Stück den Hügel hoch den hohen Zaun um das Jugendgefängnis entlang, und zuletzt die scharfe Kurve nach Sølager hinein und den Kiesweg runter zu Kæret Nr. 3, wo das Häuschen steht, das ihre Mutter von Oma geerbt hat. Zum Glück haben wir gutes Wetter, Sonne und klaren Himmel, fast fünfundzwanzig Grad, nicht, dass ich Shorts anhätte, die hab ich das letzte Mal getragen, als ich noch ganz jung war, ich finde, meine Schenkel sind einfach zu dünn. Aber hinten auf dem Gepäckträger, gut mit Spanngummi festgezurrt, habe ich meinen Schlafsack und ein Rucksäckchen dabei, mit Äpfeln und Keksen und Schokolade drin und ein paar Klappbroten mit Salami und Leberpastete für sie und Avocado und Käse für mich. Ich bin ein paar Minuten zu früh, doch da steht sie schon startklar mit ihrem Fahrrad in dem hohen Gras vor der Veranda, mit ihrem eigenen Rucksäckchen und einem Helm auf dem Kopf, das hat sie von ihrer Mutter, sie ist natürlich auch da. Sie stellt sich auf die Zehenspitzen, die Kleine, und ihre Mama beugt sich zu ihr hinunter und gibt ihr eine dicke Umarmung, und dann radeln wir zwei los auf unserer Tour, die uns im Lauf des Tages erst durch Lynæs hindurchführt, mit einer kleinen Apfelpause auf dem Sonnenbänkchen im Jachthafen, dann den elend langen, schnurgeraden Weg zum alten Ortskern von Hundested und, warum nicht, einen kurzen Abstecher zum Hafen, wir setzen uns auf den Bootssteg, lassen die Beine überm Wasser baumeln, essen einen Keks und schauen zu, wie der winzige Punkt, der sich drüben vor der Küste bei Rørvig abzeichnet, ganz langsam größer und eine richtige, kleine Fähre wird, mit Schornstein und Rauch und einem schwarz, rot und blendend weiß glänzendem Rumpf, der sich dann aber doch als ganz schön verrostet herausstellt, bis die Fähre am Kai anlegt und aus ihrem alten, steifen Gebiss fünf Autos und eine Schar Radfahrer rollen lässt, und dann geht's weiter den steilen Hügel hoch und ganz oben auf dem Steilufer den versteckten Trampelpfad entlang, bis wir endlich den Leuchtturm beim Knud-Rasmussen-Haus erreichen, wo sie kurz pinkeln muss, ich sitz solange im Gras und schau aufs Kattegat, und dann schieben wir unsre Räder den Hang runter und rollen den letzten Kilometer auf dem Kiesweg zwischen den alten, geteerten Sommerhäusern mit den blitzblanken, teuren Autos davor und, auf der anderen Seite, einer Explosion von Heckenrosen, die fast ganz das Meer verdecken, man hört es nur, träge rasselnd, als einen mächtigen, uralten Atem. Und dann ist es plötzlich Abend, wir lehnen die Fahrräder an einen verwegen blühenden Weißdorn und steigen eine schmale, steile Treppe aus Pflöcken und alten Bohlen die Böschung hinunter zum Strand, rollen unsere Schlafsäcke aus und schlüpfen (aber erst rasch die Schuhe aus) mit den Beinen hinein und schauen aufs Meer, das nach und nach seinen Glanz verliert und dunkler wird, beinah grau, und essen dabei unsre Klappbrote (zwei sparen wir auf) und trinken den letzten Rest Wasser aus meiner Flasche und sogar auch die zwei Päckchen Apfelsaft, die uns ihre Mutter fürs Frühstück mitgegeben hat, bis wir schließlich ganz in unsre Schlafsäcke kriechen, die Reißverschlüsse zuziehen und nebeneinander auf dem Rücken liegen und hoch zu den Sternen schauen, die wie weiße Wurzelspitzen einer Graswiese in der nächsten Welt aus dem blauschwarzen Dunkel sprießen. Und die ganze Nacht habe ich hier gelegen und ihr von meinen Begegnungen mit den großen Autoren unsres Landes erzählt, mag sein, dass ihr zwischendurch mal kurz die Augen zugefallen sind, aber die meiste Zeit lag sie mit den großen braunen Augen ihrer Mutter wie zwei funkelnde Bernsteinstückchen neben mir und hat zugehört, inzwischen ist längst die Sonne aufgegangen, und es ist bestimmt schon sechs Uhr. – Jetzt sag schon, wer ist es denn?, fragt sie. – Ja, wenn ich das bloß wüsste, antworte ich und grübele und krame mal in der einen, mal in der anderen der vielen wassergeschädigten Umzugskisten, aus denen meine Vergangenheit besteht, – ach, da haben wir ja Ib Michael, sage ich, – kennst du ihn? – Ib Michael ... Und wie heißt er noch? – Ich weiß nicht, sage ich, – und bestimmt weiß das auch sonst kaum einer, Hansen vielleicht, oder Larsen. – Warum nicht Olsen?, fragt sie, ich finde, irgendwie heißt nie jemand Olsen. – Nee, sage ich, – so heißen ja meistens Fußballer. – Und, bist du ihm begegnet? – Noch nicht, sage ich, – aber das kann ja noch werden, wer weiß, wir haben noch ein bisschen Zeit, wir müssen erst gegen Mittag wieder zu Hause bei Mama sein, wir können ruhig noch eine halbe Stunde hier liegen bleiben. – Ich hab Hunger, sagt sie. – Na, dann setzen wir uns lieber mal auf, sage ich, – ich kann ja auch beim Essen weitererzählen. – Geht das? – Klar doch, solang wir die Füße in den Schlafsäcken lassen. Und so machen wir's, wir setzen uns auf und ich krame die Tüte mit den zwei letzten Broten raus, ups, da hab ich mich wohl ein bisschen draufgelegt, bei meinem hat es die ganze Avocado rausgequetscht, zum Glück hatte sie sich ihr Salamibrot aufgehoben, da waren die Scheiben ja eh schon platt. Während wir essen und ich was zu den Broten sage, denke ich an Ib Michael, den alle Welt umreisenden Magier unter den Erzählern unsres Landes. Ich bin ihm noch nie wirklich begegnet, aber ich war mal nah dran, das ist schon viele Jahre her, lange bevor ich selber anfing, Rote-Bete-Lyrik zu schreiben, damals, als ich die meiste Zeit nur lange schlief und mit meiner molligen Freundin im Bett lag und *Ayla und der Clan des Bären* las und auch noch die Hälfte von *Ayla und das Tal der Pferde*, weiter aber auch nicht. Es war gleich bei uns um die Ecke, in der Musikbibliothek in Odense, die lag damals noch in der Kronprinsensgade, jetzt haust da ja irgend so eine Gesundheitssekte, die einen Tempel draus gemacht hat, egal, jedenfalls der Bassist in unserer Band, Jon, hatte einen Job in der Musikbibliothek, er las auch Bücher, sein Vater war nämlich Professor mit Beowulf als Spezialgebiet, nicht nur *Ayla und der Clan des Bären*, alles Mögliche, vor allem Science-Fiction und Ursula K. Le Guin, und er sagte, wir sollten vorbeischauen und uns Ib Michael anhören, der hätte nämlich einen Musiker dabei. Was wir auch taten, kann sein, dass ich ein bisschen spät dran war, wie immer, aber ich bekam noch das meiste mit, glaube ich, jedenfalls war ich da, nur ihn, den Magier selbst, bemerkte ich nicht, das Einzige, was ich sah, war sein Begleitphänomen, das er mitgebracht hatte, ein fantastischer Kerl, eine Art Peter Høeg, nur dass er sich auf alles beschränkte, in das man hineinblasen und dem man Töne entlocken kann. Im Lauf der knappen Stunde, die das Ganze dauerte, wanderte, marschierte, tanzte und schlenderte er zwischen den Stuhlreihen hin und her und blies in alle erdenklichen Hörner, Saxofone, Trompeten und Jagdhörner und Flöten und ... – Auch eine Melodika? – Ja, garantiert auch eine Melodika, und eine Panflöte und ein Bass-Saxofon und sogar eine Schalmei, und entführte uns weit zurück in die Tiefen der Zeit und hinaus zu den entlegensten Weltwinkeln, bloß dass ich unterwegs zu keinem Zeitpunkt Ib Michael zu Gesicht bekam, nur seine Stimme, die hab ich gehört, aber meist nur als monotones Blöken von hinter den Regalen, als wäre der Hornbläser ein Hirte, der sein Schaf mit in die Bibliothek genommen hat. Also, ein Schaf einen Schriftsteller schimpfen, das ist schon ein starkes Stück, ziehen wir lieber einen Strich unter die Geschichte, vergiss sie! Mir fällt schon noch was ein, eine echte Begegnung, sie kommt noch!, sage ich. Ich will sie eben ungern enttäuschen, das Schlimmste, was man Kindern antun kann, ist, ihnen Dinge versprechen und sie nicht halten. Also hoffe ich. Bis zuletzt. Dass er plötzlich auftaucht. Man kann nie wissen. Im Gegensatz zu mir hat Ib Michael es ja so an sich, immer genau zur richtigen Zeit am richtigen Ort zu sein. Wir anderen, die nicht so ein Händchen fürs perfekte Timing haben, müssen uns halt mit der Signatur zufriedengeben, die er immer hinterlässt. *Kilroy, Kilroy*. Das hab ich natürlich gelesen. Und *Die Nacht des Troubadours* auch, klar. Das ist dann aber, muss ich gestehen, auch schon alles. Er war ja sogar auch von allen großen Autoren unsres Landes als Einziger vor Ort an diesem Strand in Thailand, jedenfalls hockte er nur ein paar Hundert Meter weg, etwas weiter oben zwischen den Lianen in seiner Hütte und schrieb, als die große Welle kam, die – unter anderem seinetwegen – in die Geschichte einging. Wenn das kein Timing ist! Irgendwie war Ib Michael immer schon da, schon seit ich alt genug war, um lesen zu können, was auf den Rücken der Bücher aus dem Gyldendal Buchklub im Regal meiner Eltern stand. *Kilroy, Kilroy*. Es ist weiß, und der Titel ist wie rasch hingepinselt, gelbe Buchstaben mit roten Rändern drumrum, und sicher auch irgendwo blau. – War das das Einzige? – Nein, *Die Nacht des Troubadours* stand da bestimmt auch, das kam nämlich schon früher. – Worum geht's da? – In *Die Nacht des Troubadours*? Das weiß ich gar nicht mehr richtig. Aber ich weiß noch, wie es war. – Wie denn? – Ein bisschen wie ein großes Buffet, ein Mordsbuffet mit allen möglichen

Gerichten, eine Orgie von Farben, Gerüchen und Geschmäcken verschwenderisch und über und über großzügig auf Schüsseln und Tellern angerichtet, aber nicht jedes für sich fein säuberlich aufgeschnitten oder aufgetan, sondern so, dass sie über die Ränder quellen und sich mit den Gerichten daneben vermischen, der Kartoffelsalat rutscht in die Thaisuppe, die kross gebratenen Riesengarnelen schwimmen in der Béarnaise-Soße herum und die Rosinenbrötchen haben sich mit dem Saft der Walsteaks vollgesogen und sind beinah tintenschwarz, und dazu sind die meisten Gerichte noch in den unglaublichsten Formen und Figuren dekoriert, sodass man schier nicht sieht, was was ist. – Und keine Leberpastete? – Leberpastete, doch, doch, aber geformt wie eine Gurke. – Dann kriegt man ja Gurkenbrote mit Gurke! – Nein, denn die Gurken sind in kilometerlange Streifen geschnitten und kringelig wie Meerjungfrauhaar, Tentakel, DNA-Ketten und Fraktale. – Das versteh ich nicht. – Nee, mir ist das auch zu hoch. Aber wenn man's gelesen hat, ist man erst mal ordentlich satt.

Und dann sitzen wir eine Weile, ohne etwas zu sagen, und verdauen das Ganze, es war eine schöne Tour, und das Licht ist immer noch lebendig und voll im Gang, alle noch so kleinen Dinge aus dem großen Zusammenhang zu lösen, damit wir sie in all ihren langsamen und plötzlich wechselnden Nuancen sehen können, der weiße Schimmer einer Möwe, die einen Schwenk macht, das tiefe, beinahe düstere Blauschwarz, das keine fünfzig Meter weiter draußen anfängt, wo der Sandboden jäh aufhört oder steil zur Tiefe abfällt. Doch es ist nicht mehr dasselbe magische Licht wie in den Minuten bei Sonnenaufgang, da war es erst ganz still, selbst das Meer hielt den Atem an, und plötzlich, wie ein kleiner Hund, der seinem Herrchen vorauseilt, huschte eine Brise über die schwarz glänzende Fläche und ließ sie in winzigen Fältchen erschauern, und dann ging die Sonne auf. Jetzt, jetzt muss man die Welt sehen, nur eine Stunde und das Licht ist mit einem Mal tot und satt und die Welt ohne Unterschied. – Wobei, Emma, an eine Sache kann ich mich noch erinnern. Das Loch mitten im Buch. – Im Buch ist in der Mitte ein Loch drin? – Nicht in dem Buch selbst, aber in der Geschichte, in der Zeit. Das Ganze spielt im Mittelalter, aber das Mittelalter dauert eben unglaublich lange. – Wie lange? – Ich weiß nicht, vielleicht zwei-, dreihundert Jahre, jedenfalls viel zu lange, als dass die Hauptperson das alles erleben kann. Und dann kommen hundert Jahre, die vielleicht einfach nicht so interessant waren, jedenfalls hat unser Magier nicht wirklich Lust, über sie zu schreiben, es juckt ihn in den Fingern, sie einfach zu überspringen, aber seine Hauptperson, die muss unbedingt mit, denn um sie dreht sich ja schließlich alles, und was macht er also? Er lässt seinen Helden einfach mal lange schlafen, und als er endlich wieder aufwacht, sind – schwupp! – hundert Jahre um. – Das ist doch geschummelt! – Ja, find ich auch. – Ich glaub, der ist ein bisschen faul, dieser Michael. – Ich glaub auch, jedenfalls weiß er, wie man das Leben genießt, und Querflöte spielt er auch. – So wie du? – Ja, immer, wenn er mal nicht gleich weiß, was er schreiben soll, nimmt er seine Querflöte, spielt eine kleine Melodie, und schon meldet sich die Inspiration. – Woher weißt du das? – Das hab ich mal irgendwo gelesen, in einer Zeitung, glaube ich. Er ist auch um die ganze Welt gesegelt, mehrmals, glaube ich, mit dem Abenteurer Troels Kløvedal. Jeden Sommer, als ich ein großer Junge war, oder vielleicht war ich in Wirklichkeit auch schon erwachsen, lag ich oft oben auf der Düne vor dem Sommerhaus, die Fußballshorts ganz über die Pobacken hochgekrempelt, damit sie beim Lesen braun wurden, manchmal las ich bis zu fünfzig Seiten am Tag, aber das war wohl eher selten und jedenfalls nur in den Sommerferien, und eins von den Büchern, die ich las, außer *Dänische Schlösser und Herrenhäuser* Band 17 (*Sagen und Gespenster*), das ich zur Konfirmation bekommen hatte, war ein Buch von Troels Kløvedal, wo er mit seinem Segelboot um die Welt segelt, und ich glaube, da erzählt er auch von Ib Michael.

Jedenfalls denke ich immer an ihn, wenn ich morgens im Meer schwimmen war und mich vor dem Abtrocknen noch mal kurz umdrehe und die Arme ausbreite und sage, »Guten Morgen, Nordsee, und danke, dass ich wiederkommen durfte an diesem Morgen, wo du grau und gischtig bist, und der Himmel grau, heut Nachmittag und morgen und die nächsten zwei, drei Tage komm ich wieder, und wenn der Winter dem Frühling und Sommer weicht, komm ich mit meiner Frau und meinen Kindern und meiner ganzen Familie, guten Morgen, Nordsee!« – Das sagst du alles? – Ja. – Zum Meer? – Ja. Und dann muss ich immer, wie wenn das Licht sich ändert, wenn eine Wolke die Sonne freigibt, an Ib Michael denken. – Warum hast du dann nicht alle Bücher von ihm gelesen? – Das weiß ich nicht. – Weil du satt warst? – Ja, vielleicht. Aber ich hab auch *Kilroy, Kilroy* gelesen, ein paar Jahre später, als ich von zu Hause ausgezogen war und in einer Band spielte und meine erste Freundin hatte und mit ihr in zwei kleinen Zimmern in der Læssøegade wohnte, ohne Küche, der Ofen stand in dem Zimmer, das wir Wohnzimmer nannten, oben auf der Kommode, und das Geschirr spülten wir im Waschbecken im Badezimmer, was glaubst du, wie viele Gläser da kaputtgegangen sind. Oft haben wir Brotpudding gemacht, meistens sie, eine Riesenschüssel voll, mit vier Eiern und ganzen Zitronenscheiben. Der reichte mehrere Tage, wir wärmten ihn einfach auf und aßen ihn mit Milch und Schlagsahne, die schmolz und war warm und süß, sie liebte Essen. – Du nicht? – Doch, doch, aber vielleicht nicht so viel auf einmal. Sie jobbte bei *Mamas Pizzeria*, oft brachte sie einen ganzen Stapel halbe und viertel Pizzas nach Hause, und am Tag darauf lagen wir bis in den späten Nachmittag im Bett und aßen Pizza und lasen *Der Herr der Ringe*, beziehungsweise ich, ich las ihr den ganzen *Herrn der Ringe* vor, alle drei Bände, bis wir uns zerstritten. – Wie alt warst du da? – Drei-, vierundzwanzig, glaube ich. Ein- oder zweimal die Woche fuhr ich mit dem Rad zu Aldi und kaufte zwei Liter fettarme Milch und die billigste Packung Müsli, die hat sicher bloß so 8 Kronen 95 gekostet, und hab den Rucksack mit Schnittkäse und Schimmelkäse und abgepacktem Aufschnitt, Filet, Rinderzunge und so Sachen vollgestopft. – Und du hast nicht dafür bezahlt? – Ne. So was soll man seinen Kindern nicht erzählen, ich weiß, aber jetzt ist es halt zu spät. – Jedenfalls, damals las ich auch *Kilroy, Kilroy*, in einem Sessel im Wohnzimmer. Das ist zumindest das Bild, das ich von mir habe, oder besser, von dem Raum um mich herum. Ich sitze mitten im Zimmer im Sessel, langsam rotiert der Staub in der Säule aus Sonnenlicht, das durch das runde Fenster fällt. Es ist mitten am Tag, nicht Abend, ich hab ja nichts wirklich gemacht, gut, zweimal die Woche probte ich mit der Band, aber abgesehen davon machte ich nichts, also hatte ich jede Menge Zeit zum Lesen. Ich tat es bloß nicht. Außer *Der Herr der Ringe* und *Kilroy, Kilroy*. – War es gut? – Ne. *Die Nacht des Troubadours* hat mir viel besser gefallen. Aber gelesen hab ich's. – Ganz? – Ja. – Obwohl du's nicht gut fandst? – Ja, ich lese immer das ganze Buch. Wenn ich erst mal angefangen habe, lese ich bis zum Schluss. – Liest du sehr schnell? – Nein, gar nicht, ich lese laut im Kopf, das geht unglaublich langsam, für *Kilroy, Kilroy* hab ich bestimmt viele Tage gebraucht. Ich sitze mit hochgezogenen Beinen im Sessel, meine Beine sind nackt, es muss also Sommer sein, ich spüre den Sesselbezug, es kratzt ein bisschen, und ich höre Sting, *The Dream of the Blue Turtles*. Das Buch handelt von einem Mann namens Kilroy, er ist überall, in der ganzen Welt, egal, wohin du kommst, war er gerade schon da, und dann steht »Kilroy was here« innen an der Klotür, das bedeutet »Kilroy war hier«. – Wie Tarzan. – Tarzan? – Ja, sagt der nicht auch so? – Na ja, »me Tarzan, you Jane«, okay, das ist ein bisschen ähnlich. Ein richtiger Mann. Wie Ib Michael. – Ist der auch ein richtiger Mann? – Ich denk schon. Er mag jedenfalls Frauen, alle möglichen Frauen, junge und auch welche, die fast so alt sind wie er, zumindest hab ich so das Gefühl. – Aber du bist ihm doch noch nie begegnet!

– Noch nicht, nein, aber das kommt hoffentlich bald. – Das hast du zumindest versprochen. – Ja. Irgendwann, fast aus heiterem Himmel, fliegt Kilroy in einem Flugzeug, nur er, er ist der Pilot, es ist sicher ein Jagdflugzeug. – Was ist das? – Ein Düsenjäger. Vielleicht ist Krieg, jedenfalls geht alles sehr schnell, viel zu schnell, fand ich, Kilroy konnte irgendwie alles und war überall, das hat mich gelangweilt. – Obwohl's schnell ging? – Ja. – Ich hoff jedenfalls, dass er kommt. – Ja, ich auch. Jetzt, wo wir so viel über ihn gehört haben, wollen wir ihn auch endlich mal sehen, nicht wahr! – Glaubst du, er kommt noch, bevor wir gehen müssen? – Was glaubst du, Emma? Wir müssen in fünf Minuten los. Das wär doch schon ziemlich unwahrscheinlich, dass er vorher noch auftaucht, so ganz plötzlich, schwuppdiwupp, den Strand entlanggeschlendert kommt, so was passiert doch nur in Märchen, meinst du nicht auch? – Vielleicht. Sie wird bestimmt enttäuscht sein. Es ist auch wirklich nicht fair, ich hab's ihr ja versprochen, aber jetzt versuche ich trotzdem, sie allmählich an den Gedanken zu gewöhnen, dass er vielleicht doch nicht kommt. Damit es kein großes Drama gibt. Wir hatten so einen schönen Ausflug bis jetzt. Ich warte noch ein paar Minütchen, aber die Sonne steht jetzt definitiv schon recht hoch am Himmel, es wird langsam ziemlich warm, so mit den Beinen im Schlafsack, vor allem, wenn man dazu noch Socken anhat. – Papa? – Ja, Emma. – Denkst du dir das alles nicht einfach aus? – Nein, das hat schon alles so seine Richtigkeit. – Wirklich alles? – Ja. Also, höchstens, dass ich ein bisschen durcheinanderbringe, was wann passiert ist und so, oder Dinge vermische, die in Wirklichkeit zu verschiedenen Zeiten passiert sind. Oma zum Beispiel ist ja noch nicht tot. – Muss sie denn sterben? – Ja, früher oder später schon, alle Menschen müssen mal sterben. – Oma nicht! – Na ... doch, auch Oma. – Sie soll aber nicht sterben! – Nein, ich versteh dich gut, sie ist auch wirklich eine tolle Oma, vielleicht ein bisschen verrückt, aber das sind Mama und ich ja auch. Jedenfalls, davon abgesehen ist alles, was ich erzählt habe, wirklich passiert, oder es wird noch passieren. Das Problem ist, Emma, ich bin nicht so gut im Mir-Sachen-Ausdenken, ich kann nicht so Fantasiebücher schreiben wie der Magier Ib Michael, ich muss das, worüber ich schreibe, selbst erlebt haben, oder es muss mindestens etwas sein, was wirklich passiert ist. – Machst du darum manchmal so komische Sachen? – Was meinst du damit? – Na, die ganzen Sachen, die du machst. Machst du die, damit du darüber schreiben kannst? – Hm, kann gut sein, dass es eigentlich darum geht. – Aber was, wenn dir plötzlich was zustößt und du stirbst? – Was dann? – Dann kannst du ja nicht drüber schreiben. – Da sei dir mal nicht so sicher. – Ich hätt gern, dass du dir einfach alles Mögliche ausdenken kannst, damit du keine so Sachen machen musst. – Ja, das würde ich auch gern. Oder, ich weiß gar nicht, ob ich das wirklich wollen würde. Jedenfalls *kann* ich mir nicht einfach so alles Mögliche ausdenken. Nur wenn ich schlafe. Bei Mama ist es ähnlich. – Kann sie sich auch nichts ausdenken? – Nö, deine Mama bastelt auch nur ein bisschen an den Sachen rum, die sie selber erlebt hat, oder wer, den sie kennt. Sie fabriziert aber nicht so ein Durcheinander wie ich, sie ist ordentlicher, sie macht zum Beispiel bloß aus einem Mann eine Dame, und aus der Geschichte, wie Oma das Sommerhäuschen gekauft und einen Mann kennengelernt hat, der Motorrad fuhr und ein eigenes Segelboot hatte, wird plötzlich die Geschichte von einem älteren Herrn, der einer älteren Dame begegnet, die ihn hinten auf ihr Motorrad packt und mit ihm davonbraust und zu einem Segeltörn auf ihrem Boot mitnimmt, wo sie die Kapitänin ist und ihn herumkommandiert, und dann klingt das Ganze auf einmal ziemlich unglaublich, dabei ist es nur die Geschichte von Oma. – Ich hoff, dass sie nie stirbt. Nie, nie, nie. – Das hoffe ich auch, Emma. Und dann ist es einen Augenblick still, eine Möwe schreit, das Meer gluckert leise. – Aber wenn sie nie stirbt, sagt sie, – dann stimmt das ja nicht, was du erzählt hast, dass Mama das Häuschen geerbt hat. – Nein, da hast du recht, sage ich, – dann muss sie wohl eben doch sterben.

Jetzt gibt es erst mal nichts mehr zu sagen. Ganz still sitzen wir nebeneinander am Strand etwas nördlich von Kikhavn, warm ist es jetzt in der Sonne, viel zu warm, wir sollten wohl besser mal ganz aus den Schlafsäcken schlüpfen, unsre Siebensachen packen und uns auf den Weg machen. Es tut mir leid, es sagen zu müssen, aber jetzt sag ich's. – Also, Emma ... – Warte!, flüstert sie, – da kommt jemand!

Und da, aus dem zartrosa Rausch der Hagebuttenrosen tritt der Magier, nackt bis auf ein weißes Handtuch, das er um den Leib geschlungen hat und mit der Linken unterm Nabel zusammenhält. Ganz oben auf der Treppe bleibt er stehen und schließt die Augen, als wollte er einen Moment das Glühen des Lichts auf seiner Haut spüren. Sie ist dunkel, von der Sonne gegerbt wie altes Holz, ein ziemlich ansehnlicher Mann, muss ich sagen. Der Brustkorb ist muskulös und behaart, doch nicht zu sehr (der krause Streifen vom Nabel hinunter zum Daumen der Hand, die das weiße Badetuch hält). Sein Gesicht wirkt entspannt, aber ein wenig charakterlos, plump, oder vielleicht eher schwammig, aber nicht wie ein alter Schwamm, nein, wie einer, den man durch das schillernde Licht des Korallenriffs in fünfzehn Fuß Tiefe hoch an die

Oberfläche gebracht hat. Er ruht in sich, das sieht man, ist vollkommen gegenwärtig im Jetzt, in der Sonne, der Luft, die sich seit der Morgendämmerung nicht geregt und nach und nach auf Idealtemperatur hat anwärmen lassen, steht da und lauscht bestimmt den vorlauten Schreien der Möwen und dem Meer, das so gar keine Lust hat und wie ein betagtes Nilpferd daliegt und träge plätschert. – Papa, flüstert sie, das ist er, nicht wahr? – Ja, flüstere ich. – Ich hab's gewusst, flüstert sie, – ich wusste, du hältst dein Versprechen! – Na ja, eigentlich hat eher er gehalten, was ich versprochen hab. Er öffnet die Augen und ohne die geringste Eile lässt er den ersten Fuß flach auf das sicher schon glühende Holz der Stufe unter ihm sinken, und langsam, in einer genießerisch-wiegenden Bewegung folgt sein ganzer Körper die Treppe hinunter. – Glaubst du auch, er hat drunter noch was an?, flüstert sie. – Wir werden sehen. – Ich hoff's, flüstert sie, – ich hab keine Lust, seinen Pimmel zu sehen. – Ich auch nicht, Emma. Seine Füße sinken in den brennenden Sand, und – au! – er hebt den einen Fuß, schüttelt ihn, ach so, das ist ja eine Sandale, er trägt Sandalen, keine Flipflops, die anderen, ich sag immer Badepantoffeln, und jetzt schlüpft er aus ihnen raus, aber eigentlich ohne stehen zu bleiben, das Ganze geschieht in einer einzigen gemächlich genießerischen Bewegung, die zehn, fünfzehn Meter weiter über den

Strand, dort liegen jede Menge Steine, doch seine Füße gleiten wie von allein zwischen ihnen hindurch. Und dann, just als er die Wasserlinie erreicht, wo brauner Tang und Algen träge treiben und schaukeln, lässt er los, der eine Zipfel des Handtuchs zieht im Rutschen das restliche Tuch um ihn mit sich, jetzt hängt es nur noch von der linken Hand seitlich an ihm hinunter und verbirgt Hüfte und Geschlecht vor unseren Blicken. Er holt tief Luft – und wir auch! –, dann lässt er es endlich fallen. – Puh, sagt sie, ganz schön laut, aber recht hat sie, das wäre beinah zu viel gewesen, er ist nicht nackt, er hat dann doch ein Paar schicke, schlichte Badeshorts an, blaue, glaube ich, das Licht ist so grell, es ist schwer, Nuancen zu unterscheiden von hier aus, wo wir noch immer mit den Füßen und fast den ganzen Beinen in den viel zu warmen Schlafsäcken sitzen und ihn einfach nur anschauen. – Papa, flüstert sie, – warum steht er so da? – Wie meinst du? – So ein bisschen wie wenn er im Fernsehen wär. – Das ist er ja irgendwie auch. – Echt? – Schon, wir sind ja hier. – Glaubst du, er hat uns gesehen? – Nein, ich denke nicht, flüstere ich, – er ist es wohl einfach gewohnt, dass die Leute ihn anschauen, drum tut er ein bisschen so als ob, selbst wenn außer ihm gar keiner da ist. – Papa, ist er sehr berühmt? – Na ja, hier in Dänemark schon. – Vielleicht stellt er sich vor, dass das Meer ihn anschaut, und die Wellen, und die ganzen

Steine, und die Sonne. – Glaubst du? – Ja, sagt sie. – So ist das wohl, wenn man ein großer Schriftsteller ist, sage ich, – für einen großen Schriftsteller haben alle Dinge eine Bedeutung, auch die kleinsten. – Auch der Zigarettenstummel da?, flüstert sie. – Ja, flüstere ich, – der auch. Dann gibt es wohl nichts mehr zu sagen, jetzt gibt es nur ihn und die Elemente. Plötzlich überrieselt ihn ein Schauer, vielleicht die Erinnerung der Haut an das immer recht kalte Wasser, doch dann tut er es, er macht den ersten Schritt ins Wasser, und den nächsten, ein kaum merklicher Streifen Kielwasser zieht sich hinter den Waden, den Schenkeln, den Hüften, es ist, als treibe er aufrecht, als sänke nicht er immer tiefer, sondern als höbe sich rings um ihn langsam das Kattegat, bis bloß noch der Kopf und die Schulterspitzen herausschauen, eine bronze schimmernde Kugel und zwei kleine, die in langsamen Zügen übers Wasser gleiten

INHALT

Die Geschichte unserer Zeit	5
Das Brot & der Körper	15
An der Schwelle zum Nobelpreis	25
Die universale Großmutter	37
Der Schriftsteller höchstpersönlich	45
Die innerste Zone	61
Der geborene Hund	89
So nah, dass es schmerzt	107
Wir Engel sind nicht immer lieb	117
Ein Ja auf Probe	133
Die schicksalhafte Begegnung	163
Die zwei Körper des alten Königs	175
Für meine Tochter	197

1. Auflage 2024
Titel der Originalausgabe Mine møder med De Danske Forfattere
Copyright © 2013 by Madame Nielsen. Translated from the
Danish language: Mine møder med De Danske Forfattere,
First published by Gyldendal A/S 2013
Aus dem Dänischen von Hannes Langendörfer
© 2024, Verlag Kiepenheuer & Witsch, Köln
Alle Rechte vorbehalten
Die Nutzung unserer Werke für Text- und Data-Mining
im Sinne von § 44b UrhG behalten wir uns explizit vor.
Covergestaltung Barbara Thoben, Köln
Covermotiv © Reilika Landen/plainpicture
Gesetzt aus der Kepler und der Franklin Gothic
Satz Buch-Werkstatt GmbH, Bad Aibling
Druck und Bindung CPI books GmbH, Leck
ISBN 978-3-462-00543-1

Der Rausch eines Sommers – ein flirrender Roman, der die Grenzen des Erzählens sprengt

Die Geschichte einer kleinen Gruppe von Leuten, die im Spiel um die Liebe aus der Zeit in einen endlosen Sommer geworfen werden, in dem alles möglich und schicksalsentscheidend ist. Ein Roman wie ein Requiem, musikalisch, melancholisch, verführerisch, der den Leser trunken macht.

Kiepenheuer & Witsch

Leseproben und mehr unter www.kiwi-verlag.de

Ein junger Europäer kommt nach New York, um der neue Willem Dafoe zu werden und das amerikanische Imperium zu Fall zu bringen.

Zwei Minuten nach Mitternacht klingelte er an der Sprechanlage von 412 West 25th Street, und eine karikaturhaft hysterische Frauenstimme sagte: »Who is it?« Er dachte, was er jetzt tue, sei wohl die größte Dummheit seines Lebens, und nannte seinen Namen.

Leseproben und mehr unter www.kiwi-verlag.de

Kiepenheuer & Witsch

Wie wird aus Verliebtheit Liebe? Und wann erlischt das Feuer? Ein Künstlerroman und ein Liebesroman oder besser: ein Klagelied über die Unmöglichkeit, den Zauber der Verliebtheit mit dem Alltag in Einklang zu bringen.

»Erhaben, virtuos und erschreckend. Eine fast perfekte Liebesgeschichte.« *Berlingske*

Kiepenheuer & Witsch

Leseproben und mehr unter www.kiwi-verlag.de